Nichts wie raus!

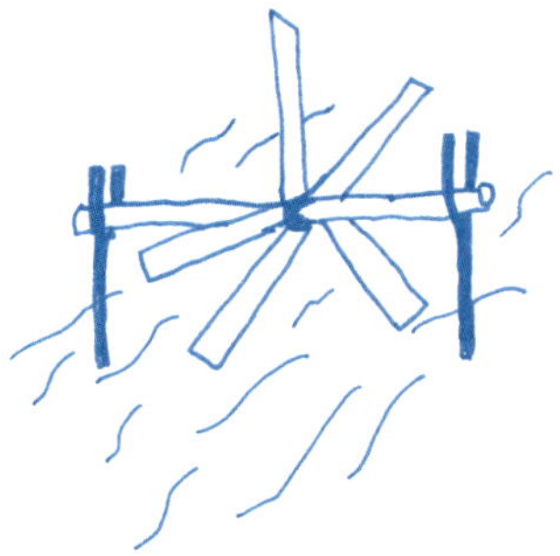

Susanne Oswald

Nichts wie RAUS!

Mit Kindern Tiere und Pflanzen
entdecken, draußen spielen, im Freien
essen, mit Naturmaterialien basteln

Jan Thorbecke Verlag

VERLAGSGRUPPE PATMOS

PATMOS
ESCHBACH
GRÜNEWALD
THORBECKE
SCHWABEN

Die Verlagsgruppe
mit Sinn für das Leben

Für Beate.
Danke.

Für die Schwabenverlag AG ist
Nachhaltigkeit ein wichtiger Maßstab
ihres Handelns. Wir achten daher
auf den Einsatz umweltschonender
Ressourcen und Materialien.

Gestaltung:
Finken & Bumiller, Stuttgart
mit Chandima Soysa, Stuttgart
Umschlagabbildungen Vorderseite:
Finken & Bumiller
Umschlagabbildungen
Rückseite (von links nach rechts):
mauritius images/Orédia,
Jutta Schneider/Michael Will,
mauritius images/Erhard Nerger,
Jutta Schneider/Michael Will
Illustrationen: Myrtille Bonnenfant
Druck: Himmer AG, Augsburg
Hergestellt in Deutschland
ISBN 978-3-7995-0619-9

Inhalt

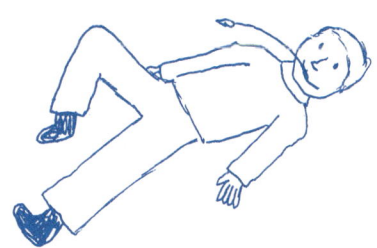

Vorwort

Sie haben Lust auf Natur? Dann nichts wie los: Lassen Sie Ihre vier Wände hinter sich und stürmen Sie Wiesen, Wälder und Felder!

Die Natur hält viele spannende Räume für Sie bereit. Da gibt es kuschlige Waldzimmer, Wiesen als Spielzimmer, Wasser als Spa oder Felder als Forschungsgebiete. Wenn man sich mit der Familie auf Spurensuche begibt, kann man neue Welten entdecken oder Tiere und ihre Lebensräume spielerisch erforschen. Sie können Regenwürmer, Schnecken, Käfer, Ameisen, Fische oder Frösche beobachten. Oder vielleicht Eichhörnchen, Hasen, Igel oder Rehe? Sie können Bäumen beim Wachsen zusehen und die Jahreszeiten hautnah erleben. Auf den folgenden Seiten finden Sie viele Anregungen für Unternehmungen und auch lustige Reime, die besonderen Spaß machen, wenn man sie unterwegs gemeinsam aufsagt.

Die Natur wahrzunehmen, ist ein Schritt in Richtung Harmonie, man bekommt Abstand zum Alltagsstress und wird sich der Schönheit und Fülle der natürlichen Umgebung neu bewusst. Wann haben Sie das letzte Mal über einen Baumstamm gestreichelt und sich von seiner Rinde eine Geschichte erzählen lassen? Wissen Sie noch, wie eine Blumenwiese duftet? Erinnern Sie sich an das Brummen, Summen und Schwirren? An das Rascheln eines Maisfeldes?

Naturerlebnisse sind nicht auf eine Jahreszeit beschränkt, natürliche Abenteuer kann man das ganze Jahr über erleben. Oft ist es sogar spannend zu beobachten, wie sich die Welt im Laufe der Jahreszeiten entwickelt. Der Duft, die Farben, das Leben – alles verändert sich. Mit Kindern gemeinsam kann man die Elemente erleben. Wasser in seinen unterschiedlichen Mäntelchen wie Schnee, Eis, Regen. Der Wind, der uns manchmal streichelt und liebkost und an anderen Tagen mit uns spielt, uns neckt und versucht, uns die Mütze vom Kopf zu pusten. Die Erde verändert ihr Gesicht, man kann sie erspüren. Wie fühlt es sich an, barfuß einen Pfad zu beschreiten?

Wenn die Sonne lacht, wenn die Strahlen durchs Blätterdach der Bäume schlüpfen, dann tanzen auf dem Boden die Sonnenflecken und verbreiten ihre alles verzaubernde Stimmung. Und wenn man den Kopf in den Nacken legt oder sich auf einer Wiese auf dem Rücken ausstreckt, dann kann man die Wolken sehen, wie sie am Himmel vorüberziehen. Öffnen Sie Ihr Herz und genießen Sie gemeinsam mit Ihrem Kind die Natur mit allen Sinnen!

NATUR

ENT-
DECKEN

Wenn ein Kind stehen bleibt, weil es einen Regenwurm oder einen Käfer entdeckt hat, dann ist das toll. Das Kind zeigt Interesse an seiner Umwelt, wir sollten diese Wissbegier fördern. Es lohnt sich, in solchen Momenten innezuhalten. Nutzen Sie die Gelegenheit, um mit dem Kind ein kleines Wunder zu bestaunen. Lassen Sie den Forschergeist eines Kindes nicht von Alltag, Zeitdruck oder Ungeduld ausbremsen. Aber nicht nur zufällige Funde am Wegesrand bereichern das Leben. Wir können auch gezielt die Neugier und Entdeckerfreude unserer Kinder wecken und dadurch ihnen und uns selbst ganz besondere Erlebnisse schenken. Egal ob Tiere, Pflanzen oder Elemente, mit Kindern ist es besonders spannend, die kleinen und großen Wunder der Natur zu erforschen. Kinder sind große Entdecker. Wer mit ihnen unterwegs ist, wird immer wieder von deren Beobachtungsgabe und Blickwinkel überrascht. Erkundungstouren in die Natur sind für Groß und Klein eine schöne Erfahrung. Wenn Sie bei Ihren Abenteuern Käfer, Spinnen oder andere Tiere einfangen, dann zeigen Sie dem Kind, wie man sie vorsichtig in die Hand nimmt, und lassen Sie alle Tiere am Ende der Forschung wieder frei. Besonders schön ist es, wenn man einem Tier dann auch einen guten Wunsch mit auf den Weg gibt, daran haben Kinder immer große Freude. „Mach es gut, kleiner Marienkäfer, und pass auf deine Punkte auf!"

Die Sinne wecken

Die Natur zu erleben, ist etwas sehr Sinnliches. Wenn wir unsere Umwelt bewusst wahrnehmen, sind immer mehrere Sinne beteiligt. Wir riechen die Waldgerüche, fühlen den Boden unter den Füßen, den Wind auf der Haut. Wir schmecken den Wald, wenn wir über unsere Lippen lecken. Wir hören die Natur mit allem Rascheln und Rascheln.

Kinder sind neugierig auf das Leben. Sie wollen so viel wie möglich lernen und immer neue Dinge kennenlernen. Aber sie mögen es nicht, das Wissen als trockene Theorie serviert zu bekommen, viel schöner und effektiver ist es, wenn sie es erfahren dürfen. Das ist nicht immer einfach und ganz kommen wir im Leben nicht um die graue Theorie herum. Aber gerade die Sinne laden dazu ein, sie erlebbar zu machen.

Draußen in der Natur finden Sie gute Gelegenheiten, Kinder ihre Sinne entdecken zu lassen. Schnuppern, fühlen, hören, sehen und schmecken Sie die Welt gemeinsam mit dem Kind. Ein paar Ideen zu sinnlichen Entdeckungen finden Sie auf den nächsten Seiten.

Das Riechen ist als Sinn ganz vorne mit dabei, denn automatisch landen die Eindrücke mit jedem Atemzug bei uns. Ungefiltert kommen die Informationen über die Nase direkt im Gehirn an. Alle anderen Sinne werden gefiltert weitergegeben. Doch dieses Filtern geschieht so schnell, dass wir den Unterschied in der Wahrnehmung nicht bewusst erleben. Das zum Riechen gehörende Sinnesorgan ist die Nase.

Beim Hören nehmen wir Schallwellen wahr. Diese treffen auf das Ohr, werden über die Ohrmuschel in den Gehörgang geleitet und treffen dort auf das Trommelfell. Die Schallwellen lassen das Trommelfell schwingen, diese Schwingungen werden in das Innenohr weitergegeben, in die Ohrschnecke. Die Zellen dort geben die Informationen ans Gehirn. Das dem Hören zugeordnete Sinnesorgan ist das Ohr.

In den Augen, die für das Sehen zuständig sind, befinden sich Stäbchen und Zäpfchen, die Sehsinneszellen. Mit den Stäbchen können wir Schwarz-Weiß-Bilder wahrnehmen. Die Zäpfchen bringen Farbe dazu. Das Sinnesorgan, das zum Sehen gehört, sind die Augen.

Beim Schmecken unterscheiden wir süß, sauer, salzig, bitter und umami. Umami ist japanisch und bedeutet so viel wie schmackhaft, köstlich. Geschmeckt wird bei diesem Geschmack die Aminosäure Glutaminsäure und deren Salze. In vielen Lebensmitteln kommt dieser Stoff natürlich vor.

Glutamat wird aber auch künstlich hergestellt und als Geschmacksverstärker eingesetzt. Sowohl die Beimengung von künstlichem als auch von natürlichem Glutamat (z. B. Hefeextrakte) zu Speisen ist wegen der möglichen negativen Nebenwirkungen sehr umstritten. Die verschiedenen Geschmacksrichtungen können wir jeweils mit einem bestimmten Bereich der Zunge schmecken, den Geschmacksfeldern. Scharf ist kein Geschmack; wenn wir etwas als scharf empfinden, dann reagieren unsere Schmerzrezeptoren.

Im ersten Moment denkt man vielleicht an die Finger, mit denen wir etwas abtasten und fühlen, doch das ist nur ein kleiner Bereich der Möglichkeiten. Wenn wir es mit einem Teil unseres Körpers berühren, das müssen nicht die Hände sein, können wir fühlen, ob es weich oder hart, heiß oder kalt, trocken oder nass ist. Wir genießen es, wenn wir zärtlich berührt werden, und empfinden groben Kontakt als unangenehm bis hin zu schmerzhaft. Das Sinnesorgan, mit dem wir fühlen, ist die Haut.

Welche Sinne gibt es?

Natürlich können Sie die Sinne einfach aufzählen, doch in diesem Fall sind Worte schnell verfliegender Schall. Viel spannender wird es, wenn Sie passende Momente nutzen, um Ihrem Kind einen oder mehrere Sinne nahe zu bringen. Eine besonders gut duftende Pflanze wie der Holunder zum Beispiel oder eine besonders raue Baumrinde, die den darüber tastenden Fingern eine Geschichte zu erzählen scheint. Auf diese Weise wird die abstrakte Information zu unmittelbarem Erleben, das Kind kann mit allen Sinnen lernen. Das macht Spaß und bleibt im Gedächtnis.

Und neben der Information hat Ihr Kind auch noch gelernt, dass Lernen etwas sehr Schönes sein kann. Eine wertvolle Erfahrung, die man einem Kind so oft wie möglich schenken sollte.

Vorbereitung Sammeln Sie mit dem Kind beim Schlendern durch die Natur Gegenstände, die später die Sinne ansprechen können. Wenn Sie für jeden Sinn etwas haben, suchen Sie sich mit dem Kind gemeinsam einen gemütlichen Platz.

Jetzt nehmen Sie Gegenstand für Gegenstand und stellen Sie den angesprochenen Sinn vor. Lassen Sie das Kind ausprobieren. Was kann es sehen, fühlen, riechen, hören, schmecken? Natürlich eignen sich nicht alle Fundstücke für alle Sinne; Ihr Kind sollte nicht an einem Käfer schlecken, aber an einem Stein wäre das durchaus möglich, einfach um festzustellen: nein, der schmeckt nicht. Neben dem Forschergeist und der Entdeckerfreude sollte das Lachen immer ein fester Bestandteil gemeinsamer Abenteuer sein.

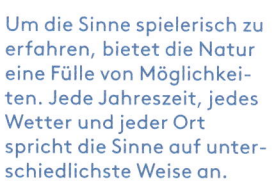

Um die Sinne spielerisch zu erfahren, bietet die Natur eine Fülle von Möglichkeiten. Jede Jahreszeit, jedes Wetter und jeder Ort spricht die Sinne auf unterschiedlichste Weise an.

Variante Machen Sie ein Ratespiel daraus. Abwechselnd untersuchen Sie und das Kind einen Gegenstand mit einem Sinn und der andere muss raten, welcher Sinn hier gerade schwerpunktmäßig aktiv ist.
Beim Raten wird schnell deutlich, dass immer mehrere Sinne in Betracht kommen – das ist ein zusätzlicher Aha-Effekt.

Beispiel Sie rascheln mit trockenen Blättern. Sie tasten über einen Tannenzapfen. Sie schnuppern an einer Blüte.

Tipp Passen Sie den Schwierigkeitsgrad einfach dem Alter des Kindes an. Bei älteren Kindern kann man auch mehrere Sinne kombinieren, ohne einen deutlichen Schwerpunkt zu setzen.

Ideen für die Suche Steine / Wurzeln / Tannenzapfen / Blätter / Blumen / Kräuter / Käfer ... gehen Sie einfach mit offenen Augen durch die Welt und lassen Sie sich von dem breiten Angebot der Natur inspirieren.

Barfußpfad

Barfuß die Welt fühlen – besonders Kinder lieben diese Übungen! Wissen Sie, wie sich eine Wiese im Morgentau unter den nackten Füßen anfühlt? Barfußpfade kitzeln die Sinne.

Man kann auf vorhandene Pfade zurückgreifen oder aber auch mit den Kindern gemeinsam einen kleinen Pfad im eigenen Garten anlegen. In der freien Natur ist das begrenzt auch möglich, aber hier müssen geltende Richtlinien und Verhaltensregeln berücksichtigt werden. In einem Naturschutzgebiet ist es nicht ohne weiteres erlaubt. Das ist aber auch nicht so schlimm, denn man kann auch einfach den Waldweg und den Wegesrand nutzen, um die Welt barfuß zu erleben. Auch das bietet schon reichlich Abwechslung. Jetzt aber zum selbst gestalteten Barfußpfad im eigenen Garten.

Planung Startpunkt, Wegstrecke und Endpunkt werden ungefähr festgelegt. Ganz exakt muss das nicht sein, es soll natürlich sein und der Pfad soll sich in das Gesamtbild des Gartens einfügen.

Jetzt wird die Strecke in einzelne Abschnitte unterteilt, die dann mit unterschiedlichen Materialien zu Fühlstrecken, Balancierstrecken oder Geschicklichkeitsstationen ausgestattet werden. Dabei muss man gar nicht jeden Abschnitt neu gestalten, man kann auch gegebene Situationen mit in die Planung einbeziehen; vielleicht führt der Barfußpfad ein kurzes Stück über einen Kiesweg oder Plattenweg, auch ein Abschnitt mit Wiese ist wunderbar geeignet, um die Füße zu kitzeln.

Am Endpunkt sollte es eine Möglichkeit geben, sich die Füße zu waschen. Vielleicht endet der Barfußpfad direkt vor der Terrassentür, dann können Sie dort eine kleine Wanne aufstellen und bei Bedarf Wasser und Handtücher aus dem Haus holen.

Gestaltung der Fühlstrecken Ein Barfußpfad darf überraschen. Die Empfindungen wechseln von angenehm bis zu anstrengend.

Es sollte aber keine Verletzungsgefahr bestehen. Achten Sie darauf, dass Steine nicht zu scharfkantig sind und Holz nicht zu sehr splittert. Ansonsten gilt: Greifen Sie beherzt zu bei der Auswahl der Materialien.

Mögliche Materialien für Fühlstrecken
Sand in unterschiedlicher Körnung / Rollkies / Splitt / Rindenmulch / Holzspäne / Fichtenzapfen / Matsch

Zwischen die einzelnen Fühlstrecken baut man am besten Puffer ein, damit mit den Füßen weitergetragene Materialien sich nicht mit dem nächsten Abschnitt vermischen. Zwischenstücke können Flächen sein, von denen sich das mitgetragene Material leicht absammeln oder zusammenfegen lässt. Auch Fußmatten, auf denen man die Füße abstreifen

kann, bevor man den nächsten Abschnitt betritt, können als Puffer eingesetzt werden.

Ein Barfußpfad kann locker gestaltet werden, aber je besser man die Ränder einfasst, desto langlebiger ist so ein Pfad. Ohne Einfassung ist ein Barfußpfad eher nur ein Spaß für eine Saison. Wind, Wetter und Benutzer sorgen dafür, dass die Materialen sich verteilen und die Natur den Pfad zurückerobert.

Als Einfassung kann man Balken verwenden oder auch Randsteine – damit schafft man stabile Wege, aber natürlich ist das viel Arbeit.

Tipp Als Familienprojekt kann die Gestaltung eines Barfußpfades eine wunderbare Erfahrung für Kinder und Erwachsene sein.

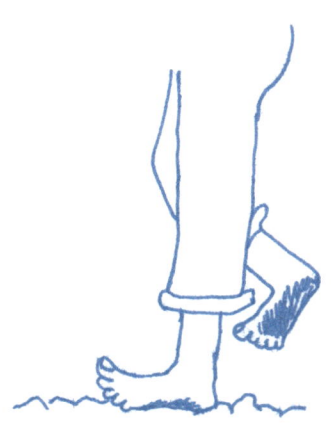

Barfuß zeigt die Welt ein neues, oft überraschendes Gesicht. Einen Bach gurgeln und wirbeln zu sehen, ist eine Sache, zu fühlen, wie eiskalt gerade Gebirgsbäche zum Beispiel sein können, eine ganz andere. Füße, die nach unterschiedlichsten Sinneseindrücken kribbeln und vielleicht wieder warm werden müssen, schenken uns ein intensives Gefühl von Lebendigkeit.

Gestaltung der Balancierstrecken

Natürlich fühlt man auch beim Balancieren etwas, es ist also auch eine Fühlstrecke, aber schwerpunktmäßig werden hierbei das Gleichgewicht und die Geschicklichkeit trainiert. Sie können zum Beispiel aus Holz oder Naturstein eine kleine Treppe bauen, drei oder vier Stufen hinauf und auf der anderen Seite wieder hinunter. Auch eine liegende Leiter bietet dem Barfußgänger die Möglichkeit, seine Geschicklichkeit unter Beweis zu stellen. Ein längs gelegter Balken kann als Balancieraufgabe eine Herausforderung darstellen.

Auch eine kurze Slackline- oder Seilstrecke ist möglich. Der Unterschied zwischen Seiltanzen und Slacklinen besteht hauptsächlich in der Beschaffenheit des Seiles. Beim Seiltanzen balanciert man auf einem straff gespannten Seil, das möglichst wenig nachgeben soll. Slacklines sind Bänder, die sich unter dem Gewicht des Slackliners ausdehnen. Natürlich sollten die Seile – egal für welche Variante Sie sich entscheiden – nur in geringer Höhe gespannt sein, damit sich niemand verletzt, wenn er die Balance verliert.

Tipp Man kann den Barfußpfad mit einem Geländer versehen, das bietet besonders an kniffligeren Stellen Sicherheit. Wenn kein Geländer vorhanden ist, kann der Pfad auch zu zweit absolviert werden: ein Barfußgänger auf dem Pfad und eine Begleitperson, die nebenher geht und im Notfall dem Strauchelnden eine helfende Hand reicht.

Gestaltung weiterer Geschicklichkeitsstationen Die Balancierstrecken sind ein Bereich der Geschicklichkeit, aber das lässt sich weiter ausbauen. Auf der Strecke kann man kleine Aufgaben stellen, die der Barfußläufer bewerkstelligen muss. Natürlich sollte der Schwierigkeitsgrad dem Alter des Kindes angepasst sein.

Zum Beispiel könnte eine Aufgabe sein, etwas von einem Punkt zum anderen zu transportieren. Hierzu eignen sich Kieselsteine, die von der Größe so beschaffen sind, dass der Läufer sie gut mit den Zehen zu fassen bekommt.

Oder der Läufer soll ein Wort oder ein Symbol mit den Zehen in den Sand zeichnen, bevor er weitergehen darf. Auch ein Teilstück, das nur rückwärts laufend, auf einem Bein oder mit beiden Beinen gleichzeitig hüpfend gegangen werden darf, braucht Geschicklichkeit. Baumstammscheiben können als Trittflächen gelegt werden. Der Barfußläufer darf nur auf die Scheiben treten, nicht daneben.

Wassertreten

Mit solch einfachen Dingen wie Wasseranwendungen können wir unseren Kindern helfen, eine gesunde Immunabwehr zu entwickeln. Kneippgänge beleben nicht nur die Füße. Wer die Möglichkeit hat, könnte als Familienprojekt ein eigenes Kneippbecken im Garten anlegen. Vielleicht gibt es auch eine Kneippstelle in der Umgebung? Manche Gemeinden stellen solche Kneippstellen zur freien Verfügung. Ein Wasserbecken können Sie als Teil eines Barfußpfades planen oder aber auch als allein stehendes Element. Auf jeden Fall werden Sie Ihrem Kind damit sicher Freude machen und – bei richtiger Anwendung – eine stabile Gesundheit schenken.

Auch ein kleiner Bach kann als Kneippmöglichkeit genutzt werden. Oder man nimmt einfach einen Wäschekorb und füllt ihn mit kaltem Wasser. Im Sommer kann man für ältere Kinder das Wasser mit Eiswürfeln herunterkühlen. Wichtig ist, dass man vor dem Kneippen warme Füße hat. Dann geht man im Storchenschritt durch das kalte Wasser. Dabei zieht man den Fuß immer komplett aus dem Wasser und taucht ihn mit den Zehen voran wieder neu ein. Bei kleinen Wasserstellen tritt man einfach auf der Stelle.

Bitte denken Sie daran, dass der kindliche Wärmehaushalt schnell auf Reize reagiert und nicht so stabil ist wie bei einem Erwachsenen. Gewöhnen Sie das Kind langsam an das Kneippen und begrenzen Sie den Kneippspaß zeitlich. Und natürlich sollte man Kinder dabei nie alleine lassen.

Im Winter kann man das Wassertreten in die Badewanne verlagern, aber das muss nicht zwangsläufig sein. In der kalten, aber schneefreien Zeit ist Tautreten ein wohltuender und adäquater Ersatz für das Wassertreten. Wenn Schnee liegt, legt man einfach kurze Schneetreteinheiten ein. Natürlich darf man das nicht übertreiben, aber wohl dosiert ist das ein richtiges Vergnügen, und danach ist es im warmen Haus umso kuschliger.

Tipp Auch Tautreten und Schneetreten sollte man nie mit kalten Füßen durchführen. Lieber vorab ein warmes Fußbad machen und dann starten.

Das Kneipp-Konzept

Bekannt geblieben ist Sebastian Kneipp hauptsächlich durch seine Wasseranwendungen. Beinahe jeder hat automatisch ein Wasserbecken vor Augen, wenn er den Namen Kneipp hört. Doch sein Konzept beruht eigentlich auf fünf Säulen:

* Heilpflanzen
* Ordnungstherapie
* Gesunde Ernährung
* Bewegung
* Wasseranwendungen

Das Gute am Kneipp-Konzept ist, dass es für alle Altersgruppen nützlich und von jung bis alt anwendbar ist. Das zeigen auch die rund 250 Kneipp-Kindergärten, die es bereits bundesweit gibt.

Wasser ist bei Kindern sehr
beliebt und so kann man
aktive Gesundheitsvorsor-
ge mit viel Spaß betreiben.
Egal ob man von der Natur
vorgegebene oder von
Menschenhand erbaute
Wasserstellen nutzt, der
Spaßfaktor bleibt hoch.

Haut an Haut

Emotional nahe erleben wir die Natur, wenn wir mit ihr bewusst in körperlichen Kontakt treten. Das Fühlen in der ganzen Bandbreite ist sehr eindrücklich und das Erlebte bleibt, es hallt in uns nach. Natürlich sind auch die anderen Sinne bei solchen Unternehmungen aktiv, aber der Fokus liegt auf der Berührung und dem damit verbundenen Fühlen. Auch mit Kindern kann man mit der Natur auf Tuchfühlung gehen und oft kommt es dabei zu besonderen Momenten und Empfindungen. Lassen Sie Ihrer Fantasie freien Lauf und schauen Sie sich aufmerksam um, sicher finden Sie schnell spannende Objekte für dieses Haut-an-Haut-Experiment. Sie können auch das Kind in die Suche mit einbeziehen und gemeinsam die Dinge für einen Hautkontakt auswählen. Im Folgenden finden Sie ein paar Anregungen und Ideen.

Tipp Vielleicht haben Sie Spaß daran, mit Ihrem Kind gemeinsam die Erfahrungen in einem Notizbuch festzuhalten. So kann man immer wieder vergleichen und feststellen, was sich geändert hat oder was Bestand hat.

Bäume fühlen Ein Baum ist ein Baum ist ein Baum? Entdecken Sie mit der ganzen Familie die zum Teil beachtlichen Unterschiede zwischen den Bäumen. Dabei ist es gar nicht zwingend notwendig, immer genau zu wissen, was es für ein Baum ist. Aber natürlich macht es auch Spaß, das herauszufinden. Wenn die ganze Familie mithilft, wird Ihnen die Bestimmung sicher gelingen.
Suchen Sie sich unterschiedliche Bäume aus. Gehen Sie hin und beginnen Sie zu fühlen. Tasten Sie über die Rinde, nehmen Sie ein Blatt in die Hand. Jedes Familienmitglied darf sich beteiligen und beschreiben, was es entdeckt, welche Empfindungen die Berührung auslöst.

Einige Merkmale, auf die man bei einer Baumbegegnung achten kann

Stammumfang, Wuchshöhe, Verästelung, Beschaffenheit der Rinde von weich zu rau, von glatt zu uneben, Blätter oder Nadeln, Größe der Blätter, Blattfarbe, Blattäderung

Moos fühlen Ein Bett aus Moos ist herrlich weich. Hier kann man sich ausruhen und neue Kraft sammeln. Man kann mit den Händen über das Moos streichen und die feine Struktur bewundern. Da Moose Lebensraum für eine Vielzahl von Insekten und kleinen Waldbewohnern sind, gibt es auch immer viel zu entdecken.

Im Gegensatz zu Bäumen sind Moose im ersten Moment natürlich weniger eindrucksvoll. Doch das gibt sich schnell, wenn man sich erst einmal auf die Welt im Kleinen eingelassen hat. Für Kinder ist es eine wertvolle Erfahrung; sie lernen, genau hinzusehen und zu fühlen.

Tipp Prüfen Sie die Feuchtigkeit des Mooses, bevor Sie sich darauf niederlassen. Moos spielt eine wichtige Rolle für den Wasserhaushalt der Natur, es speichert große Mengen Wasser und gibt sie langsam an den Boden ab. Deshalb kann es auch noch nass sein, wenn der Boden rundherum längst trocken ist.

Gras streicheln Ein dicker Grasteppich fühlt sich herrlich an. Man kann sacht darüberstreicheln und die Handflächen von den Halmen kitzeln lassen. Oder auch flach mitten auf der Wiese liegen und den Wind die Gräser schaukeln lassen, mal sanft, mal sehr deutlich. Im Gras ist auf jeden Fall immer etwas los. Und es gibt viel zu entdecken.

Wenn man auf einer Wiese liegt, dann wuselt, summt und brummt es um einen herum. Dazu kommen die Düfte der Wildkräuter und Wiesenblumen. Das ist schon ein sehr intensives und sinnliches Erlebnis.

Während man im Gras liegt, kann man auch wunderbar kleine Spiele spielen. Wolkengeschichten erfinden, Farben zählen oder Blumen bestimmen. Oder man genießt einfach nur den Moment. Passen Sie sich Ihrem Kind an, gehen Sie auf dessen Bedürfnisse ein und steuern Sie es sanft in Richtung Natur erleben, erfahren und genießen. So wird auch eine Wiese zu einem spannenden Familienabenteuer.

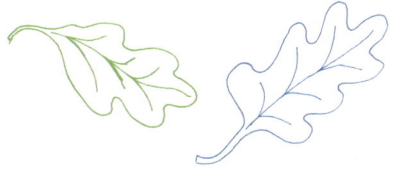

Regenhüpfer

Im Regen spazieren zu gehen, ist zumindest im Sommer etwas Wunderbares. Die Tropfen, die auf der Haut kitzeln, bringen jeden Regentänzer zum Kichern. Selbst bei kühleren Temperaturen kann Regen Spaß machen, dann aber natürlich mit der entsprechenden Kleidung. Von Pfütze zu Pfütze zu hüpfen, ist auf alle Fälle lustig, egal ob barfuß im warmen Sommerregen oder in Gummistiefeln und gut geschützt.

Besonders viel Spaß macht es, wenn man dabei einen Regenhüpferreim aufsagt.

Oder man hat Spaß mit dem Matsch, den das Regenwetter mit sich bringt. Sollte die Sonne es zu gut meinen und weit und breit kein Matschwetter in Sicht sein, dann kann man auch kleine Bächlein suchen und sich in deren Uferbereich ausmatschen, oder man baut sich seinen eigenen Matschplatz im Garten.

Gut verpackt in Gummistiefel und Regenkleidung ist ein Regenspaziergang auch bei kühlerem Wetter ein lustiges Vergnügen.

Mitsche matsche patsche
Ich hüpfe und ich platsche
Mitten in den Schlamm hinein
So vergnügt kann Matschen sein.

Bestimmt hat Ihr Kind auch Spaß daran, sich selbst passende Regen- oder Matschsprüche auszudenken.

Rechtes Bein – ich hüpfe
Linkes Bein – ich hüpfe
Jetzt beide Beine und ein Sprung
Das bringt Spaß und uns in Schwung
Oh, da kommt 'ne Pfütze
Ach, egal, ich hüpfe
Mit beiden Füßen mitten rein
Platsch und plitsch, das musste sein
Pitsch und patsch
Jetzt bin ich nass
Und froh im Bauch
Du auch?

Ich bin – ein Sinn

Kinder wollen kichern und die Nase rümpfen. Sie wollen sich schütteln und vor Spaß quietschen. Sie lieben Reime und Quatschgeschichten. So kann man mit viel guter Laune Wissen vermitteln und festigen. Das geht zu allen Themen und lässt sich immer weiter ausbauen. Und natürlich macht das richtig viel Vergnügen. Wenn die Kleinen erst einmal auf den Geschmack gekommen sind, dann fangen sie oft an, sich selbst Reime und Rätsel auszudenken. Meist braucht die Kreativität nur einen kleinen Impuls, schon beginnt sie zu sprudeln. Achten Sie bei selbst ausgedachten Reimen und Rätseln der Kinder aber darauf, dass die Fakten stimmen.

Da wir die Natur mit allen Sinnen erleben, beginnen auch die Rätselreime mit diesem Thema. Natürlich sollten die Kinder die Sinne vorab kennengelernt haben, dann fällt ihnen das Einordnen leichter.

Wenn Ihr Kind nicht gleich auf alle möglichen Antworten kommt, dann können Sie die Stellen wiederholen oder durch entsprechende Gestik Hinweise geben.

Der Wind

Wenn der Wind die Bäume schüttelt.
übermütig Äste rüttelt.
in den Ohren tost und saust
Und uns um die Nase braust.
dann spricht er manche Sinne an.
Mal sehen, wer sie raten kann.

Lösung: Hören, Fühlen, Sehen Riechen kann man dazu nehmen, da man die Gerüche (und sei es nur der Duft der frischen Luft) einatmet, die der Wind mit sich bringt.

Hüpfbeeren

Die Beere hüpft uns in den Mund.
schmeckt lecker und ist sehr gesund.
Wir kauen und schlecken.
wollen uns die Finger lecken.
Und jetzt frag' ich dich.
welcher Sinn bin ich?

Lösung: Schmecken

Drachenpupse

Der Drache pupst mit Wonne.
Da verzieht die Sonne
empört ihr niedliches Gesicht
und fragt: Wer war das. welcher Wicht?
Drachenpupse in der Luft
sind kein besonders feiner Duft!
Sie hält sich die Nase zu.
welcher Sinn ist's. was meinst du?

Lösung: Riechen (Es könnte natürlich auch das Hören mit reinspielen, denn Drachenpupse sind nicht immer leise.)

Die verwirrte Zwergspitzmaus

Die Zwergspitzmaus hat gute Laune. Übermütig tanzt sie auf umgestürzten Bäumen herum und jauchzt in die Sonnenstrahlen hinein. „Hey, Zwergspitzmaus, pass auf, sonst rutschst du ab!", ruft das Eichhörnchen und hält sich den Schwanz vor die Augen, um das Unglück nicht mit ansehen zu müssen.
Da ist es auch schon passiert!
„Autsch", jammert die Zwergspitzmaus und hält sich die Nase. Auf der ist sie nämlich unsanft gelandet.
„Hast du dir schlimm weh getan?", fragt das Eichhörnchen und blinzelt an seinem buschigen Schwanz vorbei.
Die Zwergspitzmaus reibt sich die Nase und überlegt.
„Mal sehen." Sie schnüffelt in die Luft. „Ich kann die Sonnenstrahlen riechen. Die Nase funktioniert."
Dann schnappt sie sich eine Walderdbeere und schiebt sie sich in den Mund. „Lecker! Ich kann die Erdbeere hören." Sie betrachtet einen Tannenzapfen und fährt mit den Fingern die raue Oberfläche entlang. „Den kann ich schme-

cken", sagt sie und tastet den Tannenzapfen weiter ab. Dann hält sie inne, harrt einen Moment lang ganz still aus. „Siehst du das auch?", flüstert sie. „Der Specht klopft!" Die Zwergspitzmaus lauscht in den Wald hinein. Dann schnüffelt sie wieder. „Oh, ich kann fühlen, wie die Pilze duften. Wollen wir welche fürs Abendessen sammeln?"
„Ohje, ohje, ohje", jammert das Eichhörnchen und knetet vor lauter Aufregung seinen Schwanz. „Ich fürchte, du bist verwirrt, liebe Zwergspitzmaus, deine Sinne sind durch den Aufprall verrutscht! Komm, ich helfe dir. Wir sortieren sie wieder."
Und so setzen sich das Eichhörnchen und die Zwergspitzmaus auf den Baumstamm und das Eichhörnchen hilft der Zwergspitzmaus geduldig, ihre Sinne zu sortieren. Es dauert zwei Stunden, aber dann ist es geschafft und endlich können sie Pilze suchen gehen, für das Abendessen. Wird auch Zeit, das Eichhörnchen hat so großen Hunger, dass sein Magen lautstark knurrt.

Und jetzt du! Willst du der Zwergspitzmaus auch helfen, die Sinne zu sortieren?
Was macht man mit Sonnenstrahlen?
Welcher Sinn ist es, wenn man eine Erdbeere isst?
Wenn man einen Tannenzapfen entlang tastet, was macht man dann?
Wenn das Klopfen des Spechtes durch den Wald schallt, mit welchem Sinn nimmt man das wahr?
Kann man Pilze duften fühlen? Was meinst du?
Tipp Besonders eindrücklich werden die Sinne und die Verwirrung, wenn man Pilze, Erdbeeren und Tannenzapfen im Wald sucht und das Kind ausprobieren lässt. Die Sonnenstrahlen gibt es hoffentlich so dazu und das Klopfen des Spechtes kann man imitieren, falls gerade keiner bei der Arbeit ist.

Die Tierwelt bestaunen

Wenn wir spazieren gehen, dann streben wir oft voran, wir wollen vorwärts kommen. Wieso eigentlich? Das ist doch im Grunde gar nicht nötig. Es kommt nicht darauf an, möglichst schnell viel Strecke zu machen. Die Qualität der Strecke zählt. Wenn wir mit einem Kind gemeinsam 10 Meter gehen und dabei in einer Stunde ganz viele Wunder entdecken, dann ist diese Stunde ein Geschenk.

Bei Spaziergängen mit meinem Mops Töps habe ich den Begriff „spazierenstehen" gefunden, denn das ist es, was wir ganz oft tun. Und so ein Mops ist ja auch ein bisschen wie ein kleines Kind.

Also, stehen Sie mit Ihrem Kind spazieren und geben Sie sich so die Chance auf wertvolle Erfahrungen. Auf diese Weise lernen Kinder, die Welt zu entdecken. Lassen Sie das Kind dabei möglichst viel selbst entdecken und geben Sie allenfalls Impulse, um die Neugier in eine bestimmte Richtung zu lenken.

Schnecken sind toll!

Viele Menschen mögen keine Schnecken. Sie finden die kleinen Tiere abstoßend. Doch wenn man die Tiere genau betrachtet, dann sind sie durchaus faszinierend. Haben Sie schon mal ein Schneckenbaby gesehen? So ein winziges Etwas, kleiner als der Nagel des kleinen Fingers. Wenn man so ein kleines Wesen betrachtet, fällt es selbst dem eingefleischten Schneckenablehner schwer, hart zu bleiben. Schnecken mögen es feucht und sind besonders abends aktiv. Wer Schnecken beobachten will, legt sich also am besten am frühen Abend nach einem Regentag auf die Lauer. Natürlich kann man auch ein kleines Schneckengehege anlegen und die Tiere eine Zeitlang dort halten und beobachten. Dazu braucht es einen speziellen Schneckenzaun, denn einen einfachen Zaun würden die Tiere einfach überklettern. Man kann auch ein Stück des Gartens mit Schnecken-Leckerbissen bepflanzen, um die Tiere anzulocken. Besonders gerne mögen Schnecken zum Beispiel Studentenblumen (Tagetes), Salat oder Kohlrabiblätter. Das ist auch der Grund, wieso Gärtner und Schnecken meist keine Freunde sind.

Wie Schnecken sich durch das Leben kämpfen, wie sie selbst steinige und schwierige Wege nehmen und sich nicht entmutigen lassen, das ist schon beeindruckend.

Die Schneckenhäuser sind kleine Kunstwerke. Die Spiralen haben eine eigene Energie. Meistens sind die Spiralen bei Schneckenhäusern der Weinbergschnecken rechts gewunden, aber es gibt auch die Ausnahmen, das berühmte schwarze Schaf unter den Schnecken. Der Volksmund nennt solche seltenen Exemplare mit links gewundenem Haus Schneckenkönig. Schnecken sind sehr eng mit Muscheln und sogar mit Tintenfischen und Kraken verwandt. Sie alle gehören zur Gruppe der Weichtiere. Haben Sie schon einmal das Haus einer Meeresschnecke gefunden und an Ihr Ohr gehalten? Konnten Sie die Musik hören? Vielleicht sind Sie jetzt selbst neugierig geworden und haben Lust, Schnecken einmal näher zu betrachten. Das lohnt sich auf jeden Fall.

Tipp Schnecken sind überwiegend ungiftig, doch es gibt eine Ausnahme: die Kegelschnecken. Sie kommen in tropischen Meeren vor und sind gefährlich.

Ameisen sind stark!

Ein Ameisenhaufen ist etwas Faszinierendes. Da wuselt es scheinbar wild umher, das Reisig, die Äste, alles scheint wild durcheinander zu sein. Doch wenn man genauer hinschaut, dann merkt man schnell, dass es ein ordnendes Prinzip gibt. Ameisen haben eine bestimmte Aufgabe und sind unermüdlich bemüht, diese zu erfüllen.

Der Bau ist eine wahrhaft meisterliche Konstruktion, und die Kraft, die Ameisen dabei aufbringen, würde uns Menschen sicher schnell in die Knie zwingen. Wenn Sie bei einem Ihrer Streifzüge einen Ameisenhaufen entdecken, dann bleiben Sie ruhig stehen und nehmen Sie sich Zeit, die kleinen Tiere zu beobachten. Nähern Sie sich einem Ameisenhaufen vorsichtig und helfen Sie Ihrem Kind dabei, die Kunstfertigkeit der kleinen Kraftprotze zu entdecken. Aus dieser Erfahrung heraus wächst der notwendige Respekt, um einen Ameisenhaufen in Ruhe zu lassen.

Sie können, um auszutesten, wie stark Ameisen tatsächlich sind, in einiger Entfernung zum Bau etwas Futter für die Tiere ausstreuen. Nehmen Sie unterschiedlich große Krümel Kekse und beobachten Sie dann mit dem Kind zusammen, wie die Ameisen die Beute abtransportieren.

Um dem Kind die Leistung anschaulich zu machen, können Sie die Proportion übertragen. Eine Ameise schafft das 30-fache ihres Körpergewichts, das wäre bei einem Kind mit 8 Kilogramm Körpergewicht eine Tragkraft von 240 Kilogramm. Das wäre ungefähr, als ob vier Kinder gemeinsam ein durchschnittliches Auto anheben.

Wenn Sie keinen Ameisenhaufen finden, können Sie die Tiere auch im eigenen Garten beobachten. Stellen Sie etwas Süßes hin, Honig oder Marmelade, dann wird es nicht lange dauern, bis die ersten Späher die Leckerei entdecken und ruck zuck herrschen Hochbetrieb und Gewusel.

Wie laufen eigentlich Regenwürmer?

Das Leben eines Regenwurms spielt sich hauptsächlich unterirdisch ab. Das macht das Beobachten und Erforschen natürlich ein bisschen schwierig. Man kann zwar zusehen, wie er sich oberirdisch bewegt, aber was macht er, wenn er im Boden verschwindet? Das ist doch das Spannende für uns.

Um beobachten zu können, wie ein Regenwurm sich in der Erde bewegt und was unter der Oberfläche geschieht, können Sie mit Ihrem Kind gemeinsam ein Regenwurmglas gestalten.

Sie brauchen Ein Glas mit Schraubdeckel (altes Marmeladenglas, Essiggurkenglas oder etwas in der Art), Schere, Gartenerde, Gemüseabfälle oder Laub, Regenwürmer, Tuch Zuerst wird das Glas gründlich gesäubert. In den Deckel müssen mit der Schere Luftlöcher hineingestochen werden, damit die Würmer atmen können. Die Löcher nicht zu groß machen, damit die Würmer nicht hinauskriechen können.

Nun kommt Gartenerde in das Glas, bis es etwas über die Hälfte gefüllt ist. Obendrauf kommen die Gemüsereste und das Laub. Zum Schluss dürfen die Regenwürmer in ihre neue – vorübergehende – Heimat einziehen.

Tipp Man kann Regenwürmer in Läden für Anglerbedarf kaufen, aber selbst sammeln macht viel mehr Spaß.

Regenwürmer sind lichtempfindlich und sterben, wenn sie der Sonne zu lange ausgesetzt sind. Deshalb lieber kurze Beobachtungseinheiten einlegen und während der Ruhezeit das Glas mit einem Tuch abdunkeln.
Die Erde im Glas sollte leicht feucht, aber keinesfalls zu nass gehalten werden.

Zwischendurch gibt man den Regenwürmern neue Blätter und Küchenabfälle.
Nach ein paar Tagen ist es soweit, man kann die Würmer beobachten, wie sie sich durch die gebauten Gänge bewegen und dabei auch neue Gänge gestalten. Das Laub und die Küchenabfälle sind zum Teil unter der Erde zu sehen, zum Teil auch schon im Regenwurm verschwunden und hinten als bester Kompost wieder herausgekommen.
Nach einigen Tagen werden die Regenwürmer wieder in die Freiheit entlassen. Geben Sie mit Ihrem Kind den Würmern ein paar gute Wünsche mit auf den Weg und setzen Sie sie an einer Stelle aus, an der es ihnen gut gehen wird – zum Beispiel auf dem Komposthaufen.

Woher kommt der Schmetterling?

Schmetterlinge sind bezaubernd. Sie haben etwas Feenhaftes und sie betören durch ihre Eleganz und die Farbenvielfalt. Ihnen beim Tanz in der Luft zuzusehen, gibt uns ein gutes Gefühl, es ist immer wieder ein Glücksmoment.

Manchmal werden Schmetterlinge auch Falter genannt oder aber Gaukler der Lüfte. Sie sind leicht an ihrer typischen Gestalt zu erkennen. Sie haben einen langen, schmalen Körper und vier große – oft bunte – Flügel.

Jedes Kind kennt Schmetterlinge und die meisten Kinder sind fasziniert von den zarten Flugkünstlern. Aber wo kommen Schmetterlinge eigentlich her?

Natürlich kann man erklären, wie das mit der Eiablage bei Schmetterlingen funktioniert, wie aus dem Ei eine Raupe schlüpft und aus der Raupe ein Schmetterling. Aber viel spannender wird es, wenn man mit dem Kind auf die Suche geht und den Weg des Schmetterlings erlebbar macht.

Haben Sie Schmetterlingseier gefunden, können Sie mit Ihrem Kind täglich nachsehen, was sich tut, und auf diese Weise hautnah die Entwicklung miterleben. Die Raupen werden Sie ein bisschen suchen müssen, aber da die Eier auf der Futterpflanze abgelegt werden, sind sie sicher irgendwo in der Nähe. Im Verpuppungsstadium gibt es keine äußere Bewegung mehr, der Kokon bleibt, wo er ist.

Um Ihnen die Suche ein bisschen zu erleichtern, kommen hier ein paar Informationen rund um diese zauberhaften Tiere. Schmetterlinge findet man – mit Ausnahme von sehr kalten Gegenden – rund um den Globus. Sie leben auf Wiesen, Feldern, bei Büschen, an Waldrändern und auch in Wäldern auf Lichtungen.

Nach der Paarung legen die Schmetterlingsweibchen ihre Eier ab. Die Eier von Schmetterlingen sind so unterschiedlich wie die Falter selbst. Man findet kleine schuppenartige Eier, aber auch größere, bunt gemusterte. Manche Arten setzen auf Unscheinbarkeit, um von Fressfeinden möglichst übersehen zu werden, andere präsentieren die Eier grell und bunt und wollen damit Giftigkeit und Ungenießbarkeit vermitteln.

Für die Ablage suchen die Schmetterlingsweibchen Pflanzen, die später der Raupe als Nahrung dienen können. Das heißt, bei Pflanzen, die eine Schmetterlingsraupe gerne frisst, hat man eine gute Chance, eine Schmetterlingsbrut zu entdecken.

Der Geschmack und die Vorlieben können von Raupe zu Raupe unterschiedlich sein. Brennnesseln sind bei mehreren Arten beliebt, was die Chance, Eier zu finden, natürlich erhöht. Hier kann man Eier von Tagpfauenauge, Distelfalter, Kleinem Fuchs, Admiral oder Landkärtchen finden.

Der Wurzelbohrer verteilt seine Eier im Flug über Grasflächen. Die Eier liegen dann zwischen den Graswurzeln, von denen sich die Raupen später ernähren.

Die Raupe des Schwalbenschwanzes mag Möhren und Dill, in der freien Wildbahn vermutlich auch einige Doldenblütler. Ampfer gehört zu den Lieblingspflanzen des Dukatenfalters und Feuerfalters. Auch an Brombeeren, Himbeeren, Raps, Klee, Weiden und noch einigen Pflanzen mehr kann man Schmetterlingseier finden. Es lohnt sich auf jeden Fall, genau hinzusehen.

Aus den Eiern entwickeln sich dann in verschiedenen Stadien die Schmetterlinge. Zuerst

schlüpfen Larven, die Raupen genannt werden. Die kleinen Vielfraße haben winzige Fühler und zwölf kleine Punktaugen.

Wenn ihre Zeit gekommen ist, verpuppen sich die Raupen. Hierzu spinnen sie einen langen Faden, den sie selbst herstellen, und wickeln sich vollständig darin ein. Das ist der Kokon. In dieser Hülle findet die Verwandlung statt. Stück für Stück wird aus der Raupe ein Schmetterling. Wenn das geschafft ist, platzt der Kokon auf, der Schmetterling schlüpft aus. Nach dem Schlüpfen braucht er ein paar Stunden, bis die zerknitterten Flügel entfaltet und gehärtet sind.

Schmetterlinge vermitteln ein Gefühl der Leichtigkeit und Lebensfreude.

Ich bin – ein Tier

Tiere stehen bei Kindern immer hoch im Kurs. Ganz klar, dass zu diesem Thema Rätselreime nicht fehlen dürfen.

Wie schon bei den Sinnen sollten die Kinder die Tiere, die sie raten sollen, natürlich vorher kennengelernt haben. Vielleicht haben Sie bei Feldforschungen das Tier schon beobachtet oder beim gemeinsamen Blättern in einem Buch darüber gesprochen.

Zu den Tierrätseln finden Sie neben der Lösung immer auch einen kurzen Steckbrief, um die wichtigsten Fakten parat zu haben.

Kringelschlängel

Ich kringel mich und schlängel mich.
die Gärtner, ja, die lieben mich.
Ich grab die Erde locker.

Ich kringel mich und schlängel mich.
die Menschen, ja, die kennen mich.
Ich lebe friedlich, bin kein Rocker.

Ich kringel mich und schlängel mich.
die Angler, ja, die mögen mich
so sehr, dass sie mich suchen.

Ich kringel mich und schlängel mich.
auch manche Tiere schätzen mich.
Sie picken schnell – nicht zimperlich –
nach mir, als wär' ich Kuchen.

ꞂunꞂ: Regenwurm

Steckbrief zum Regenwurm

Der Körper eines Regenwurms besteht aus bis zu 180 Segmenten. Er bewegt sich mit Ringmuskeln und kleinen Borsten oberirdisch und unterirdisch fort und schafft durch die Gänge einen lockeren Boden, der gut belüftet wird. Deshalb ist der Regenwurm der Freund des Gärtners.
Im Winter harrt er in einer Kältestarre unter der Erde aus.
Bei Regen kommt er aus der Erde, um nicht zu ertrinken.
Regenwürmer atmen durch die Haut.
Sie fressen Erde und Pflanzenreste. Ihr Kot wird zu wertvollem Dünger, wieder ein wichtiger Punkt für den Gärtner.
Regenwürmer sind stark, sie können das 60-fache ihres Körpergewichts bewegen.
Erwachsene Regenwürmer haben eine verdickte Stelle am Körper.
Sie können 3 bis 8 Jahre alt werden.
Feinde: fleischfressende Tiere wie zum Beispiel Vögel, Igel, Maulwürfe, aber auch der Mensch
Beobachten: Regenwurmglas (Seite 30)

Ups! ich rede wieder mit meinem Schwanz

Hey! schönes Wetter Heute oder?

Huschelchen

Ich husch herum
von Baum zu Baum.
so schnell und flink.
man sieht mich kaum.

Ich sammle Nüsse und auch Beeren.
versteck' sie dann, mal hier, mal dort.
Im Winter, wenn der Hunger plagt.
dann such ich den geheimen Ort.

Ich kann auch wirklich super springen.
steuere den Flug mit meinem Schwanz.
Die Landung federe ich gekonnt.
mein Hoch und Runter ist wie ein Tanz.

Lösung: Eichhörnchen

Steckbrief zum Eichhörnchen

Das Eichhörnchen ist ein Baumnagetier. Es kann bis zu 500 Gramm schwer werden, und sein puscheliger Schwanz, den es für die Balance in luftiger Höhe und bei gewagten Sprüngen braucht, erreicht eine Länge von bis zu 20 Zentimetern. Der Schwanz ist aber nicht nur für das Gleichgewicht wichtig. Im Winter kann sich das Eichhörnchen damit vor der Kälte schützen.

Mit seinen scharfen Krallen kann sich ein Eichhörnchen an der Baumrinde festhalten und Bäume senkrecht hinauf und hinunter klettern.

Am liebsten frisst das Eichhörnchen Samen von Laub- und Nadelbäumen. Aber es mag auch Obst, Pilze, Flechten, Baumrinde, Insekten, Würmer, Schnecken und Vogeleier. Es ist beinahe ein Allesfresser.

Eichhörnchen legen sich Vorräte für den Winter an, verstecken das Futter in Baumschlitzen und in der Erde. Nicht immer holen sie im Winter alles, was sie das Jahr über vergraben haben. Vergessene Samen können im nächsten Jahr keimen. Das Eichhörnchen beteiligt sich also am Waldaufbau.

Das heimische Eichhörnchen wird in manchen Gebieten von dem aus Amerika kommenden größeren und aggressiveren Grauhörnchen verdrängt.

Feinde: Baummarder, Raubvögel, Hauskatzen und auch der Mensch. Eichhörnchen werden in manchen Regionen wegen ihres schönen Pelzes gejagt.

Steckbrief zur Spinne

Spinnentiere gehören zu den Glieder-
füßern. Sie haben acht Beine, das ist ein
deutlicher Unterschied zu Insekten,
die nur sechs Beine haben.
Sie haben mehrere Punktaugen, einige
davon durchaus leistungsstark.
Es gibt viele verschiedene Arten von ganz
klein bis zu sehr groß.
Die meisten Spinnen haben Drüsen, in
denen sie einen sehr feinen klebrigen
Faden – die Spinnenseide – produzieren
können. Der Faden wird über die Spinnspu-
len, die dicht an dicht an der Spinnwarze
– am Hinterteil der Spinne – sitzen, ins
Freie befördert. Mit diesem Spinnfaden
webt die Spinne dann sehr gekonnt ihre
Netze.
Ist das Netz fertig, sitzt sie so lange
auf der Lauer, bis sich Beute darin ver-
fängt. Spinnen ernähren sich überwiegend
von Insekten.
Die Spinne hat viele Feinde: Vögel, Fle-
dermäuse, einige Libellen, Ameisen, Wes-
pen und natürlich der Mensch.
Viele Menschen haben geradezu panische
Angst vor Spinnen aller Art. Manche setzen die Spinnen ins Freie, dort können
die Tiere sich dann ein neues Netz bauen.
Andere greifen zum Staubsauger – das
überleben Spinnen nicht.

Auf der Lauer

Ich warte hier und sitze
ganz still – ich habe Zeit.
Die Beute, sie wird kommen,
sie tut mir auch nicht leid.

Früher oder später,
das weiß ich sehr genau,
landet das Ersehnte,
sowieso in meinem Bau.

Doch was ist das?
Da tönt ein Schrei.
Die Hausfrau hat mein Netz entdeckt.
mit dem ist's gleich vorbei.

Lösung: Spinne

Luftikus

Hüpfen, tanzen, Flügel schwingen.
Leuten gute Laune bringen.
Lieder singen, tirilieren.
im Winter in der Kälte frieren
oder auch nach Süden flüchten.
Es gibt Menschen, die mich züchten.
Doch meistens bin ich frei zu sehen.
lass mir die Winde um den Schnabel wehen.
Ich bin klein und auch mal groß.
bei mir ist immer etwas los.
Federn putzen gehört auch dazu.
Wer bin ich also, was meinst du?

Lösung: Vogel

Steckbrief zum Vogel

Vögel gehören zu den Wirbeltieren, unterscheiden sich aber von allen anderen Wirbeltieren durch die Federn.
Piepmätze müssen einen im Verhältnis zu den Flügeln leichten Körper haben, sonst können sie nicht fliegen. Der Kolibri ist mit 1,6 Gramm Gewicht und einer Flügelspannbreite von 10 Zentimetern der kleinste Vogel. Der größte flugfähige Vogel ist der Höckerschwan, der bis zu 23 Kilogramm auf die Waage bringt. Es gibt auch Vögel, die einfach zu schwer sind, um noch fliegen zu können. Der Strauß zum Beispiel wiegt über 150 Kilogramm.
Vögel haben einen Schnabel, aber keine Zähne.
Es gibt Körnerfresser und Insektenfresser. Manche Vögel bleiben auch im Winter in ihrem Revier, andere ziehen während der kalten Jahreszeit in den Süden.

Steckbrief zur Ameise

Ameisen gehören zu den Insekten. Sie leben in großen Staaten und innerhalb der Gemeinschaft hat jede einzelne Ameise ihre bestimmte Aufgabe. Das Zusammenleben ist streng organisiert.

Sie haben einen Panzer aus Chitin und sechs Beine. Am Kopf sitzen zwei Fühler, die man manchmal auch Antennen nennt.

Die Arbeiterinnen und Königinnen schlüpfen aus befruchteten Eiern, die Männchen aus unbefruchteten. Fruchtbare Weibchen sind die Jungköniginnen. Sie haben, wie auch die Männchen, Flügel. Nur die Arbeiterinnen haben keine Flügel.

Die Arbeiterinnen der roten Waldameise, die in Deutschland lebt, wird zwischen 4 und 7 Millimeter groß. Königin und Männchen sind etwas größer, sie erreichen zwischen 8 und 11 Millimeter.

Es gibt viele unterschiedliche Arten, Ameisen leben auf der ganzen Welt.

Die Arbeiterinnen werden zwischen ein paar Monaten und bis zu drei Jahre alt. Königinnen können sogar 20 Jahre und älter werden.

Ihre Feinde sind Vögel und Dachse. Aber Ameisen können sich auch wehren. Sie produzieren in speziellen Drüsen Ameisensäure, die für andere Insekten tödlich ist. Sie fressen Pflanzensäfte, Früchte, Samen und Insekten.

Kraftprotzalarm

Kribbel, krabbel, Rumgezappel,
hier wuselt es wie wild.
Das Chaos herrscht – so sieht es aus,
in Wahrheit aber Ordnung gilt.

Sie ackern und rackern
und schleppen die Last
von morgens bis abends,
sie machen kaum Rast.

Man kann echt nur staunen,
wenn diese Wesen Power geben,
und so klein sie sind,
doch auch die schwersten Lasten heben.

Lösung: Ameise

Auf Spurensuche

Wenn die Erde nach einer Regenphase noch nass ist – oder auch im Schnee –, lassen sich in der Natur spannende Spuren finden. Gehen Sie mit Ihrem Kind auf Fährtensuche, das fordert und fördert die Beobachtungsgabe und nebenbei lernt man einiges über die heimische Tierwelt.

Manche Spuren sind relativ einfach zu finden und auch die Zuordnung ist kein Problem. Andere sind seltener oder knifflig bei der Identifizierung. Könnten Sie auf Anhieb ein Wildschwein, einen Fuchs oder ein Eichhörnchen am Pfotenabdruck erkennen? Wenn Sie sich mit Ihrem Kind zusammen auf Spurensuche begeben, dann können Sie das bald mit einem klaren Ja beantworten.

Jeder Abdruck ist individuell und es braucht eine gewisse Zeit und Übung, um sicher Abdrücke den jeweiligen Tieren zuordnen zu können. Aber es gibt ein paar Anhaltspunkte, die das Erkennen erleichtern und die Möglichkeiten eingrenzen.

Zuerst ist natürlich die Größe des Abdrucks immer ein wichtiger Hinweis. Aber es geht noch weiter.

Ist der Pfotenabdruck ähnlich wie eine Hand, mit fingerartigen Zehen, handelt es sich um ein Nagetier oder einen Waschbären.

Zeigt der Pfotenabdruck Ballen, sind wir einem Raubtier auf der Spur.

Bei Abdrücken von Raubtieren können wir weiter unterscheiden: Hat der Abdruck vier Zehenballen mit Krallen, ist das Tier hundeartig, bei vier Zehenballen ohne Krallen handelt es sich um ein katzenartiges Tier, fünf Zehenballen weisen auf ein marderartiges Tier hin. Ein Abdruck mit zwei Zehen gehört zu einem der Paarhufer wie Wildschwein, Reh oder Hirsch. Diese Tiere haben jeweils vier Zehen, laufen aber nur auf zweien.

Abdrücke sammeln

Wenn Sie die Spuren mit dem Kind zusammen nicht nur suchen, sondern auch noch sicherstellen, wird Ihr Kind Feuer und Flamme sein.
Viele Kinder träumen davon, selbst einmal ein Detektiv zu sein, hier können sie das nach Lust und Laune ausleben.
Sie können die Abdrücke fotografieren oder abzeichnen, um dann zu Hause in aller Ruhe zu überlegen, welches Tier es wohl gewesen sein mag. Oder Sie machen einen Gipsabdruck. Das ist ganz einfach.

1. Zuerst wird die gefundene Spur sorgfältig und vorsichtig von Tannennadeln und Blättern gesäubert, damit es einen klaren Abdruck gibt.
Der Kartonstreifen wird mit der Büroklammer zu einem Ring geschlossen und als Schalung um die gefundene Spur gesteckt. Zur Stabilisierung drückt man den Karton etwas in den Boden, so kann er beim Eingießen nicht verrutschen.
2. Jetzt wird der Gips mit Wasser zu einer gießfähigen Masse angerührt. Vorsicht, nicht zu dünnflüssig machen, da sonst beim Abbinden Risse entstehen können. Achten Sie auf die Angaben auf der Packung.
Der Gipsbrei wird am Stöckchen entlang langsam auf den Abdruck gegossen. Damit sorgt man dafür, dass die Spur nicht aufgewühlt wird und dass es keine Lufteinschlüsse gibt. Dann heißt es ein paar Minuten warten.
Während der Gips trocknet, gibt es ganz sicher etwas für kleine und große Forscher zu tun. Vielleicht finden sich weitere Tierspuren in der Nähe.
3. Wenn der Abdruck ganz trocken ist, wird er mit einer Bürste (einer alten Zahnbürste zum Beispiel) gereinigt und beschriftet. Man kann das Tier notieren, den Fundort und die Fundzeit. Wenn man den Abdruck im Original haben möchte, dann macht man von dem vorhandenen Negativabdruck noch einmal einen

Positivabdruck. Dazu wird der Gips gründlich mit Vaseline eingestrichen, es kommt wieder ein Schalung drum herum und man gießt die Form aus.
Dieser zweite Abdruck entspricht nun genau dem, was man in der Natur entdeckt hat.
4. Nach 10–20 Minuten ist der Gips auch schon hart und kann vom Untergrund gelöst werden. Vollständig austrocknen kann er dann zu Hause.

Sie brauchen

* Etwa 500 Gramm schnell härtenden weißen Gips
* 1 alten Becher – zum Beispiel ein großer Joghurtbecher
* 1 Stock, das kann ein Essstäbchen sein, aber auch ein kleiner Ast
* 1 Streifen Karton, 20–30 Zentimeter lang und 4–5 Zentimeter hoch (das wird die Schalung)
* Büroklammer
* Wasser

1.

2.

4.

3.

Wer mag das gewesen sein? Einige Abdrücke von bekannteren heimischen Tieren finden Sie hier beschrieben. Das kann bei der Zuordnung helfen.

Je öfter man sich mit dem Thema und den Bildern beschäftigt, desto vertrauter werden die Formen – das Wiedererkennen fällt von Mal zu Mal leichter.

Katze Meist findet man die Abdrücke unserer Hauskatzen. Inzwischen können aber auch die etwas größeren Abdrücke der in Teilen Deutschlands wieder heimisch gewordenen Wildkatzen dazu kommen. Eine Unterscheidung der Abdrücke, ob Wild- oder Hauskatze, ist schwierig bis unmöglich.

Der Abdruck hat einen rundlichen Umriss. Man sieht einen dicken Ballen – am unteren/hinteren Ballenrand ist er etwas gewellt. Über dem Ballen erscheinen vier runde Zehenabdrücke. Krallen sind nicht abgedrückt. Auch bei den Vorderpfoten sieht man nur vier Zehen, der Daumen wird nicht mit abgedrückt. Die Hinterpfoten haben nur vier Zehen.

Hund Der Hundeabdruck ist auf den ersten Blick dem Katzenabdruck etwas ähnlich. Die Größe variiert natürlich je nach Hunderasse. Der Abdruck hat einen rundlichen Umriss. Die Vorderpfoten des Hundes sind etwas größer als die Hinterpfoten. Man sieht unten/hinten einen dicken Ballen, den Sohlenballen, und darüber vier kleinere Zehenballen. Im Unterschied zur Katzenpfote sieht man bei der Hundepfote aber die Krallen.

Fuchs Die Spuren des Fuchses sind den Hundespuren recht ähnlich. Es gibt aber auch Anhaltspunkte zur Unterscheidung. Die Ballen liegen beim Fuchs etwas weiter auseinander als beim Hund. Zwischen den Sohlen- und den Zehenballen kann man beim Fuchs ein Kreuz zeichnen, beim Hund geht das nicht.

Pferd Der Abdruck eines Pferdes ist relativ leicht zu identifizieren. Die Huf-Form ist charakteristisch und fast immer sind Pferde hierzulande beschlagen – das Hufeisen ist im Abdruck deutlich erkennbar. Gerade für Spurensuche-Anfänger bieten sich solche leicht erkennbaren Abdrücke an, so hat man schnell Erfolgserlebnisse und die Lust auf weitere Entdeckungen wird angestachelt.

Vielleicht haben Sie in Ihrer Nähe einen Weg, der häufig als Reitweg genutzt wird. Das wäre eine gute Möglichkeit für die ersten Spurensuche-Schritte.

Vogel Der Abdruck von Vogelfüßen ist ziemlich markant. Deutlich sieht man die drei Krallen, die sich in den Boden drücken, wenn der kleine (oder auch größere) gefiederte Freund über den Boden hüpft. Die Tiefe der Abdrücke und auch ihre Größe können natürlich einen Anhaltspunkt geben, um welchen Vogel es sich gehandelt haben könnte, doch das wird lediglich wichtig, wenn Ihr Kind sich zu einem ausgeprägten Vogelfreund entwickelt und Spaß an dieser Differenzierung hat. Für die einfache Tierspurensuche genügt das Erkennen von Vogelabdrücken absolut.

Eichhörnchen Meist entdeckt man die kleinen Wuselchen, wenn sie gerade einen Baumstamm im Affentempo hinauf- oder hinunterklettern. Mit etwas Glück und in Gegenden mit vielen Eichhörnchen kommen die Tiere auch mal vorsichtig näher und lassen sich sogar von Hand füttern.

In Parks, in denen sie sehr verwöhnt werden, gibt es sogar den einen oder anderen Frechdachs, der, wenn es ihm mit der Fütterung zu langsam vorangeht, mal eben das Hosenbein erklimmt und selbst in der Tasche nachsieht, ob es dort Nachschub gibt. Auf jeden Fall macht es großen Spaß, Eichhörnchen beim Klettern und Springen zu beobachten.

Wenn es gerade keine Tiere zum Bewundern gibt, kann man sich aber zumindest auf Spurensuche begeben. Die Hinterfüße des Eichhörnchens sind etwas größer als die Vorderfüße. Die Abdrücke von Eichhörnchen sind immer in Vierergruppen vorhanden. Dabei sitzen Vorder- und Hinterpfoten ziemlich eng beieinander. Beim Sprung werden die Hinterfüße außen vor die Vorderfüße gesetzt.

Biber Oft sieht man, bevor man Abdrücke eines Bibers entdeckt, bereits seine Bauwerke

Auf Spurensuche

Katze

Hund

Fuchs

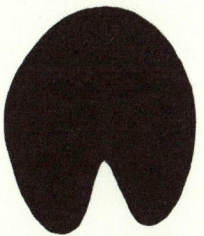

Pferd

Vogel

Eichhörnchen

Biber

Wildschwein

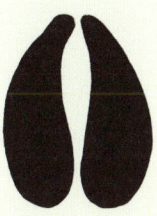

Reh

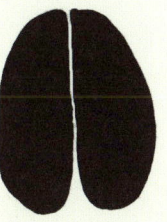

Hirsch

Hase

oder die Spuren seiner Arbeit. Solche Hinweise sind eine gute Hilfe, dann weiß man, dass man gute Chancen auf einen Pfotenabdruck hat. Die Abdrücke des Bibers sind oft nicht scharf umrissen, ergeben kein ganz klares Bild. Man sieht einen kleinen handähnlichen Abdruck mit fünf Zehen und Krallen. Auf weichem Untergrund lassen sich manchmal auch die Schwimmhäute der Hinterpfoten erkennen.

Wildschwein Obwohl Wildschweine zu den größten frei lebenden Tieren in Mitteleuropa gehören, sieht man sie nur selten. Normalerweise verstecken sie sich im Unterholz. Wenn Sie eine Spur mit zwei Zehen entdecken, dann wissen Sie auf jeden Fall schon, dass es sich um einen Paarhufer handelt. Ob es ein Wildschwein war, können Sie an den zwei zusätzlichen kleinen Abdrücken hinter den beiden Zehen erkennen. Paarhufer haben vier Zehen, laufen aber nur auf den beiden mittleren. Die anderen beiden Zehen, Afterklauen genannt, sind etwas höher hinten am Bein angesetzt.

Da Wildschweine nicht sehr hoch gewachsen sind, aber einiges an Gewicht mit sich bringen, drückt es bei diesen Tieren die Afterklauen immer zusätzlich zum typischen Paarhuferabdruck in den Boden.

Reh und Hirsch Die Spur eines Rehes oder eines Hirsches ist klar an der typischen Form der beiden Zehen zu erkennen. Im Gegensatz zum Wildschwein sitzen bei Rehen und Hirschen die Afterklauen ziemlich hoch und sind normalerweise nicht in der Spur sichtbar – höchstens wenn sich die Tiere in ziemlich hohem Schnee bewegen.

Damit ist die Abgrenzung zum Wildschwein also schon relativ einfach. Schwieriger wird die Unterscheidung von Reh und Hirsch. Hierbei muss man die Größe beachten. Rehe sind deutlich kleiner, die Spuren dementsprechend auch.

Wenn die Tiere auf der Flucht sind, dann sind die beiden Zehen deutlich gespreizt und die Abdrücke liegen weiter auseinander. Ein Hirsch kann Sprünge bis zu 5 Metern machen.

Feldhase und Kaninchen Beim Hoppeln und auf der Flucht setzt der Hase die Hinterläufe vor die aufgesetzten Vorderpfoten. Das ergibt eine y-förmige Spur. Typisch für den Hasen ist, dass die vier Zehen im Abdruck deutlich erkennbar sind.

Ein Tagebuch gestalten

Jede Jahreszeit ist toll und immer gibt es viel zu entdecken. Es ist sehr spannend, die vertraute Umgebung einmal ein Jahr über zu beobachten. Was macht die Natur im Frühling, Sommer, Herbst und Winter? Wie entwickelt sich alles bei Regen, Sonne, Wind oder Kälte?

Um das nicht nur zu beobachten, sondern auch die Erinnerungen festzuhalten, führt man ein Tagebuch. Hier werden alle Beobachtungen festgehalten, zum Teil in Tabellen, aber auch durch das Einkleben von Funden und durch persönliche Notizen.

Suchen Sie sich mit Ihrem Kind hierfür ein Stück eines Weges, eine Wiese, einen Baum oder einen Waldrand aus. Das ist für die nächsten Monate Ihr Forschungsgebiet.

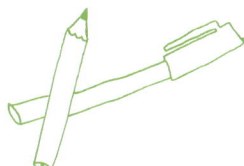

So könnte ein Tagebuch gegliedert sein:

* Datum
* Temperatur
* Wetter
* Geruch
* Geräusche
* Tiere
* Tierspuren (wie viele, welche Tiere)
* Pflanzen
* Blüten, Knospen
* Blätter (Gibt es welche? Wie sehen sie aus? Wie verändern sie sich?)
* Persönliche Eindrücke
* Funde

Ein Herbarium voller Schätze

Blätter sind in ihrer Vielfalt beeindruckend – von klein bis groß, rund, gezackt, glatt, rau oder weich. Sie zeigen eine ganze Palette von Grüntönen, aber auch andere Farben kann man finden – nicht nur im Herbst.

Kinder lieben es, Blätter zu sammeln, diese Freude kann man nutzen. Die gesammelten Schätze werden zu Hause mithilfe von Büchern oder auch Internet zugeordnet. Auf diese Weise erlangen Kinder einen großen Wissensschatz und erfahren, dass Lernen viel Spaß machen kann.

Wenn der Baum zum Blatt bestimmt ist, wird das Blatt getrocknet und in ein Album geklebt. Vielleicht hat Ihr Kind Freude daran, die Fakten zum Blatt ebenfalls in diesem Buch festzuhalten.

Tipp Gesammelte Blätter oder Kräuter immer trocknen, bevor der Verwelkungsprozess begonnen hat.

Ebenso wie das Sammeln, Zuordnen und Trocknen von Blättern bringt auch das Kräutersammeln viel Freude und Wissen. Falls Sie selbst sich mit vielen Kräutern unsicher sind, könnten Sie mit Ihrem Kind an einer Familien-Kräuterführung teilnehmen, die vielerorts angeboten werden. Aber natürlich helfen auch Bücher und das Internet bei der Identifizierung. Wenn Sie mit Ihrem Kind Kräuter sammeln und erforschen, dann können Sie von den leckeren Kräutern auch immer einige mehr sammeln und diese für selbst zusammengestellte Kräuterteemischungen verwenden.

Tipp Bevor ein Kraut in das Essen kommt, sollte man immer hundertprozentig sicher sein, was es ist.

Eine Sammlung getrockneter Pflanzen nennt man Herbarium. Zum Trocknen gesammelter Blätter, Kräuter oder Blumen genügen Zeitungspapier und zwei Holzbrettchen. Zum Beschweren kann man zum Beispiel Bücher nehmen.

Aber: Mit ein wenig handwerklichem Geschick kann man sich mit zwei Brettern und Klemmen eine eigene Presse bauen, dann muss man nicht immer die Bücher zu Hilfe nehmen. Natürlich gibt es auch die professionelle Variante mit Gitterpflanzenpressen.

Je nachdem, wie feucht die Pflanzen sind, wechselt man das Zeitungspapier zu Beginn der Trocknung alle ein bis zwei Tage, später in größeren Abständen. Die Trocknungsdauer richtet sich nach der Dicke und Feuchtigkeit der Pflanze.

Die getrockneten Pflanzen werden auf weiße Blätter oder in ein Notizbuch geklebt. Dazu wird eine Art Steckbrief geschrieben, auf jeden Fall sollte festgehalten werden, wann und wo die Pflanze gepflückt wurde und um was für eine Pflanze es sich handelt.

Mit so einem Herbarium kann man sehr gut die Pflanzenbestimmung üben. Es gibt über einen längeren Zeitraum Vergleichsmöglichkeiten, zum Beispiel: Wie war eine Blume in diesem und im nächsten Sommer zum gleichen Datum entwickelt? Oder wie ist eine Pflanze an unterschiedlichen Standorten entwickelt? Um das Einnisten von Schädlingen wie zum Beispiel Staubläusen zu verhindern, kann man die Sammlung gelegentlich für einige Zeit tiefkühlen.

Tipp Achten Sie darauf, dass Sie nicht in Naturschutzgebieten sammeln und grundsätzlich keine Pflanzen mitnehmen, die unter Artenschutz stehen.

Durch das Trocknen und Aufbewahren von Blüten, Blättern und Kräutern schafft man sich Stück für Stück einen Wissensfundus und schöne Erinnerungen.

Name: Equisetum arvense
    Ackerschachtelhalm
Familie: Equisetaceae Ordnung: Equis
Fundort: Neckarhausen- Behnder
                                    Datum: 20
Droge, Bestandteile, Verwendung: Herba
                                    Kieselsäu

Mit Pflanzen auf Tuchfühlung

Natur ohne Pflanzen ist einfach nicht vorstellbar. Viele Blumen oder Gräser gehören zur Kindheit dazu und wir Erwachsene verknüpfen damit wohltuende Erinnerungen an eine Zeit, als ein Sommer noch endlos schien und die Welt ein großes Abenteuer war.

Der persönliche Baum

Wie wunderbar ist es, wenn wir einen persönlichen Baum in uns tragen, der immer für uns da ist, uns in stürmischen Zeiten Halt gibt und uns hilft, uns mutig Richtung Himmel zu strecken. Der Baum als Symbol steht für Schutz, Stärke und Lebenskraft. Er bildet die Verbindung zwischen Himmel und Erde, gibt uns die Energie zu wachsen und schenkt uns gleichzeitig die Sicherheit der Wurzeln. Mit diesem Hintergrund kann man neben dem Fühl-Erlebnis auch wunderbar kleine Baummeditationen durchführen und so seinen persönlichen Baum finden.

Gehen Sie mit Ihrem Kind in den Wald. Jeder sucht sich einen Baum aus, der ihn besonders anspricht. Vielleicht kann man sogar formulieren, wieso es genau dieser Baum ist, der für einen besonders ist. Nun hält man einfach den Kontakt mit dem Baum, indem man die Hände auf den Stamm legt oder auch den Stamm umarmt. So stellt man sich hin und schließt die Augen. Das kann – besonders mit kleineren Kindern – nur ein Moment der Stille sein, mit größeren Kindern kann die Zeit auch auf ein paar Minuten ausgedehnt werden. Währenddessen lässt man die Gedanken los und versucht, einfach nur zu fühlen, was gerade passiert. Zum Schluss wird der Baum noch einmal eingehend betrachtet. Dieses Bild trägt man nun in sich. Immer wenn es im Alltag stürmisch wird, wenn man Kraft oder Halt braucht, kann man einen Moment innehalten und sich den Baum vorstellen, ihn visualisieren. Das ist eine wunderbare emotionale Stütze. Sicher wird Ihr Kind seinen persönlichen Baum lieben.

Tipp Man kann den Baum fotografieren und das Bild immer bei sich tragen. Das ist, gerade wenn man noch nicht viel Erfahrung mit Visualisierungen hat, eine schöne Hilfe.

Löwenzahnschirmchen pusten

Jedes Kind liebt die kleinen, weichen Löwenzahnpuschelchen und kaum eines kann widerstehen, wenn die Samenstände den Wegesrand schmücken. Nur Erwachsene verlieren manchmal den Blick dafür. Der Löwenzahn mit seinen Pustepuscheln gehört so sehr zu unserem Alltag, dass wir vergessen, dieses Wunder wahrzunehmen. Wenn die Kinder eine Pusteblume pflücken und mit ihrem Atem die Samen in die Welt hinaus schicken, drängen Eltern oft zum Weitergehen, statt stehen zu bleiben und diesem Moment Aufmerksamkeit zu schenken.

Ich lade Sie ein, innezuhalten und dieses Wunder mit Ihrem Kind gemeinsam wieder neu zu entdecken. Schieben Sie den ordentlichen Gärtner in sich, der vielleicht bei Löwenzahn an die drohende Gefahr für seinen gepflegten Rasen denkt, weit nach hinten, und öffnen Sie dem Kind in sich die Tür.

Es lohnt sich auch, die Pusteblumen vor dem Anpusten einmal genau zu betrachten und auch die Zartheit durch sanftes Darüberstreichen zu fühlen. Zeigen Sie Ihrem Kind die filigrane Bauweise, erklären Sie, welchen Sinn die Samenstände für die Pflanze haben.

Wenn Sie alles ausgiebig betrachtet und befühlt haben, dann pusten Sie mit Ihrem Kind drauflos. Freuen Sie sich über den Tanz der kleinen Schirmchen, bevor diese ein Stück entfernt sanft auf ihrem neuen Platz landen oder beim Wirbeln durch die Luft aus unserem Blickfeld verschwinden.

Einen Rätselreim und weitere Informationen zum Löwenzahn finden Sie auf Seite 54.

Heu schnuppern

Würzig, kräuterig und manchmal auch ein bisschen herb: Heu ist für die Nase – und auch für die anderen Sinne – ein tolles Erlebnis.

Gehen Sie mit Ihrem Kind auf Tuchfühlung mit Heu. Das kann im eigenen Garten sein, auf einem gemähten Feld, bei einem Bauern in der Scheune oder im Pferdestall. Vielleicht haben Sie sogar Lust, einmal in einem der vielen Heu-Hotels zu übernachten.

Bei einem Bad im Heu ist der wichtigste Sinn der Geruch. Heu duftet einfach himmlisch, die Aromen kribbeln und kitzeln die Nase und vermitteln einem das Gefühl, in einer Duftwolke zu schweben.

Es fühlt sich auch toll an. Man kann sich hineinkuscheln, es raschelt und knistert, manchmal pikst es auch. Man kann im Heu herrlich toben, Heu-Schlachten auskämpfen und Purzelbäume schlagen.

Und wenn man dann müde getobt im Heu liegt, kann man die einzelnen Gräser und Kräuter betrachten und vielleicht sogar einzelne getrocknete Kräuter zuordnen.

Mit Heu kann man sogar kochen. Ideen hierzu finden Sie auf Seite 96.

Tipp Um ein Kind für die Natur zu begeistern, braucht es keine großen Dinge. Kinder sind in der Lage, auch über kleine Wunder zu staunen und sich für vieles zu begeistern, das Erwachsenen alltäglich scheint. Vielleicht können Sie durch Ihr Kind diese Begeisterung bei sich selbst wieder zum Leben erwecken.

Gerade im Kleinen, beim Betrachten eines Löwenzahnpuschels oder beim Beobachten der kleinen Wiesenwelt, zeigt die Natur ihre wahre Größe.

Ich bin – eine Pflanze

Welches Kind hat noch keine Pusteblume in den Wind gepustet? Oder einen Kranz aus Gänseblümchen gesteckt? Einige dieser „Kinder-Pflanzen" finden Sie hier zusammen mit Rätselreimen. So stellen Sie sicher, dass auch Ihr Kind in späteren Jahren eine solche die Seele wärmende Kindheitserinnerung hat.

Steckbrief zum Löwenzahn

Hasenfutter und Kinderspaß, das ist Löwenzahn. In der modernen Kräuterküche findet er immer mehr Verwendung, wobei seine bittere Note nicht immer ideal bei Kindern ankommt. Aber als Pusteblume erobert Löwenzahn die Herzen von jung und alt – abgesehen von den Gärtnerherzen mit einer Vorliebe für englischen Rasen. Die Pflanze ist sehr anpassungsfähig und kann auch in schwieriger Umgebung gut überleben. Im Frühjahr streckt sich erst das Grün, das zum Teil unter der Schneedecke ausgeharrt hat. Dann kommen bald die gelben Blüten, die Farbe in die Landschaft bringen. Besonders nach langen Wintern tut das leuchtende Sonnengelb einfach gut. Aus den Blüten entstehen die Samen, die typischen flauschigen Bäusche laden zum Pusten ein.
Im Frühjahr kann man den jungen Löwenzahn ernten, die ganz zarten Blätter haben noch keine so ausgeprägte Bitternote, damit können Sie vielleicht auch Ihr Kind überzeugen. Oder – und damit sind Sie auf der sicheren Seite – sie sammeln gemeinsam mit dem Kind Löwenzahnblüten und stellen einen herrlich süßen und aromatischen Löwenzahnhonig her.
Gezupfte Löwenzahnblüten kann man auch auf ein Butterbrot streuen.

Puuust

Der erste Hinweis:
Ich pass' in jede Ritze und wachse hier und dort.
nicht mal im kalten Winter bin ich richtig fort.
Hinweis Nummer zwei:
Die Gärtner rümpfen ihre Nasen.
sie sorgen sich um ihren Rasen.

Na? Bist du schon drauf gekommen? Nein?
Dann Hinweis Nummer drei:
Doch alle Kinder lieben mich, sie sehen mich gern fliegen.
Sie pusten fest und doll, so viel sie Atem kriegen.

Und noch ein letzter Hinweis:
Ich schmecke nicht nur Hasen gut,
auch Köche ziehen ihren Hut.

Lösung: Löwenzahn

Steckbrief zum Gänseblümchen

Jedes Kind kennt Gänseblümchen, es sind oft die ersten kleinen Sträuße, die für die Mama gepflückt werden. Das Gänseblümchen ist eine kleine Staude, die weit verbreitet wächst. Sie blüht vom frühen Frühjahr bis in den Herbst hinein und zieht sich dann in den Wurzelstock zurück, um zu überwintern.

Abends und bei Regen schließen sich die ansonsten weit geöffneten Blüten. Gänseblümchen kann man essen und auch für Kräutertees verwenden.

Maßliebchen

Ich bin ich, und ich bin sicher, dass du mich kennst. Doch weißt du auch, wie man mich nennt?
Ich habe viele Namen, doch auch wenn man es meinen könnte,
Federn hab ich nicht.
Ich ziere Wiesen und Wegesränder, Mädchen pflücken mich sehr gern. Sie setzen sich mit ihrer Beute hin und binden mich – manchmal zählen sie auch und zupfen dabei Blütenblätter.
Jetzt verrate ich dir ein paar von meinen Namen, mal sehen, wann du darauf kommst.
Maßliebchen nennt man mich und Himmels-blume, Monatsröschen und auch Tausendschön.
Na? Noch nicht? Dann jetzt!
Gänseliesel, Gänsekraut oder Gänse … – genau!
Jetzt hast du es erraten!

Lösung: Gänseblümchen

Möhrenbuchstabensalat

Herr Hase macht sich auf den Weg, er soll für Frau Häsin Beeren sammeln. Weil er so vergesslich ist, kann er sich nie merken, von welcher Pflanze die Beeren sein sollen. Deshalb nagt er sich die Buchstaben in Möhren und packt sie in seinen Rucksack. Da kann er nachschauen, wenn er es nicht mehr weiß. Er hoppelt voller Eifer durch den Wald. Trifft Mama Reh mit ihrem Kitz und macht einen lustigen Witz. Er plappert hier und dort und zack – schon ist die Erinnerung fort. Er hat vergessen, was er holen soll! Flugs packt er seine Möhren aus, doch mit Schrecken stellt er fest, dass alle Buchstaben durcheinander gepurzelt sind. Jetzt hat er den Salat.

Und so setzt Herr Hase sich hin und fängt an, die Buchstaben zu sortieren. Es kommen tolle Worte dabei raus, aber keine Pflanze. Der Uhu kommt angeflogen und rätselt mit, und als auch noch ein Wildschwein kommt, rätseln sie zu dritt. Ihre Köpfe qualmen und sie schieben hin und her. Sie raten und rätseln, welche Beere es wohl wär'.

Vielleicht kannst du helfen?

NUDEL OHR	DOHLE NUR
NORD HEUL	HOLDE NUR
NUDEL ROH	UNHOLDER
RUNDE HOL	UNHOLD ER
HUND LORE	UND ER HOL

Lösung: Holunder

Tipp Das Rätseln mit Anagrammen lässt sich sehr gut im Freien durchführen. Einfach passende Kieselsteine suchen (Kinderfaustgröße) und auf jeden Stein einen Buchstaben malen (zum Beispiel mit Fingerfarben, Wasserfarben, Permanentmarker oder Straßenkreide). Im Internet finden Sie, falls Sie es nicht selbst probieren wollen, Anagramm-Generatoren.

Steckbrief zum Holunder

Holunder liebt Standorte mit üppigen Böden, wächst in Gärten, an Wegesrändern und in Wäldern. Er kommt sehr gut mit Halbschatten zurecht und kann bis zu 7 Meter hoch werden.

Im Mai und Juni liegt rund um Holundersträucher ein fruchtiger Duft in der Luft. Die Holunderblüte ist ein Fest für Nektar fressende Tiere. Aus den Blüten werden dunkle kleine Beeren, die zubereitet köstlich schmecken und sehr gesund sind. Nur roh sollte man sie nicht essen, denn da sind sie für den Menschen leicht giftig und können Bauchschmerzen und Durchfall verursachen.

Holunder ist vielseitig in der Küche einsetzbar: als Blütentee, eingekochte Beeren oder auch Saft. Lecker und gesund!

Schattenliebe

Ich lebe gern im Schatten
und wachse dort so vor mich hin.
Hast du schon eine Idee, wer ich bin?
Besonders groß werde ich nicht.
Ich habe helle Blüten und fühl' mich wohl im
Wald.
Na, heiße Spur oder immer noch kalt?

Ich habe einen Namensvetter, der auf der
Wiese wohnt.
Manchmal bringt er Glück,
bist du jetzt entzückt?

Lösung: Sauerklee

Steckbrief zum Sauerklee

Der Wald-Sauerklee wird auch Kuckucks-
kraut, Herzklee, Hasensalat oder Hasen-
klee genannt. Er wächst im Halbschatten
und Schatten. Er bevorzugt leicht feuchten und nährstoffreichen Boden. Im Frühjahr bilden sich zarte weiße bis blass-
rosa Blüten, die eine deutliche, etwas
dunklere Äderung haben.
Wald-Sauerklee wächst mehrjährig. Die
Pflanze sieht dem Wiesenklee zwar ähnlich, hat botanisch aber nichts mit ihm
zu tun. An den Blüten kann man die Pflanzen
sehr deutlich unterscheiden und an ihren
unterschiedlichen Wachstumsorten. Klee
mag die Sonne, Sauerklee den Schatten.
Die Samen des Sauerklees wachsen ein-
geschlossen in den Blüten heran. Sind
sie reif, streckt sich der Stiel und die
Samen werden aus der Samenkapsel heraus-
geschleudert.
Sauerklee schmeckt wunderbar erfrischend. Da er aber viel Oxalsäure ent-
hält, wirkt er schwach giftig. Kleine
Mengen sind jedoch unbedenklich und
sogar durchaus gesund.

Stichelstachel

Hallo, hier bin ich. Nein, eigentlich müssen wir sagen: hier sind wir. Denn wir sind zu zweit. Und jetzt bekommst du Hinweise und darfst raten, wer wir sind.

1. Wir haben den gleichen Namen, nur hat jeder noch einen Zusatz vorne dran, der uns unterscheidet.

2. Die Menschen lieben es, uns zu sammeln. Obwohl sie dabei oft lautstark jammern. Wir sind ziemlich wehrhaft.

3. Bei einem von uns reiben sie sich die Bäuche und lecken sich über die Lippen. Bei dem anderen werden sie kreativ und packen die Zahnstocher aus, um lustige Tiere zu bauen.

4. Tiere haben uns beide zum Fressen gern. Oft bringen Menschen Tüten voll mit uns zum Förster, damit er uns im Winter verfüttert. Na? Weißt du es schon?

Also gut, noch einen Tipp:

5. In der Hülle sehen wir aus wie ein Igel. Wenn man uns aus der äußeren Schale pellt, sind wir aber glatt und braun.

Lösung: Rosskastanie/Esskastanie

Steckbrief zur Esskastanie

Die Esskastanie wurde von den Römern in den europäischen Raum gebracht. Sie stammt ursprünglich aus der Gegend um das Schwarze Meer.

Esskastanien sind sehr nahrhaft, sie enthalten Mineralien, Eiweiß und Vitamine. Oft werden sie bei uns geröstet als Snack gegessen, aber es gibt auch Kastanienmehl oder man kann sie als Gemüse verwenden. Lange Zeit galten Kastanien als das Brot der armen Leute.

Nicht nur Menschen, auch heimische Tiere wie Eichhörnchen oder Mäuse sind scharf auf die Leckerei. Sie legen sich Vorratslager an, und wenn die Früchte dort vergessen werden, keimen sie im nächsten Frühjahr. Auf diese Weise sorgen die Tiere für die Verbreitung der Pflanze.

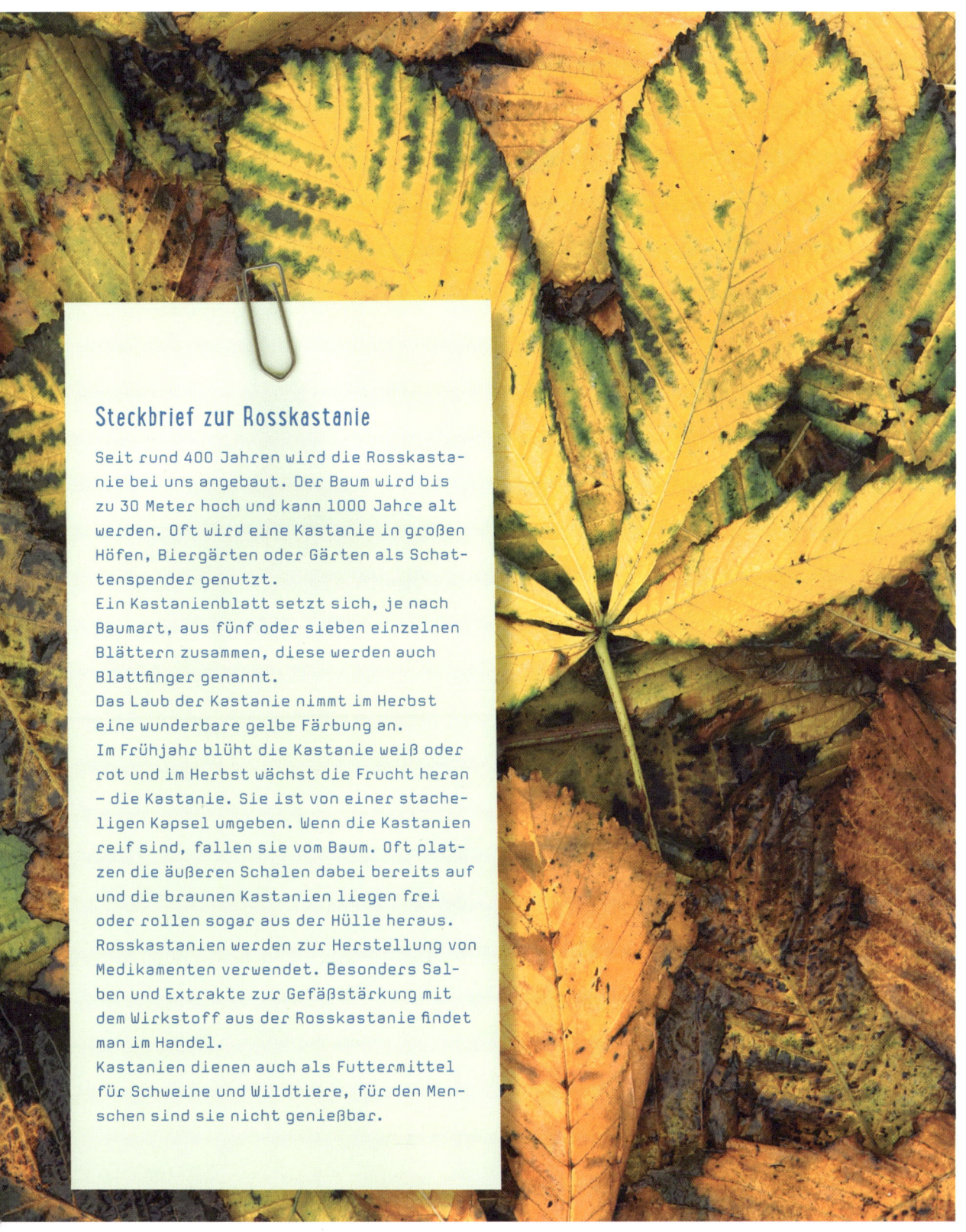

Steckbrief zur Rosskastanie

Seit rund 400 Jahren wird die Rosskastanie bei uns angebaut. Der Baum wird bis zu 30 Meter hoch und kann 1000 Jahre alt werden. Oft wird eine Kastanie in großen Höfen, Biergärten oder Gärten als Schattenspender genutzt.

Ein Kastanienblatt setzt sich, je nach Baumart, aus fünf oder sieben einzelnen Blättern zusammen, diese werden auch Blattfinger genannt.

Das Laub der Kastanie nimmt im Herbst eine wunderbare gelbe Färbung an.

Im Frühjahr blüht die Kastanie weiß oder rot und im Herbst wächst die Frucht heran – die Kastanie. Sie ist von einer stacheligen Kapsel umgeben. Wenn die Kastanien reif sind, fallen sie vom Baum. Oft platzen die äußeren Schalen dabei bereits auf und die braunen Kastanien liegen frei oder rollen sogar aus der Hülle heraus.

Rosskastanien werden zur Herstellung von Medikamenten verwendet. Besonders Salben und Extrakte zur Gefäßstärkung mit dem Wirkstoff aus der Rosskastanie findet man im Handel.

Kastanien dienen auch als Futtermittel für Schweine und Wildtiere, für den Menschen sind sie nicht genießbar.

SPIELE IN DER NATUR

Gerade wenn man mit Kindern draußen unterwegs ist, ist „nur Spazierengehen" oft langweilig. Beobachtungen und Forschungen sind eine Möglichkeit, um die Natur für das Kind zu einem Erlebnis zu machen und die Liebe und den Respekt für die Geschenke des Lebens zu wecken. Aber natürlich gehört auch das Spielen dazu. Was wäre eine Kindheit ohne Toben und Jauchzen? In der Natur wartet ein natürlicher Spielplatz mit einem riesigen Fundus an Ideen auf die ganze Familie. Natur und Spiele zu kombinieren ist ganz einfach. Dabei geht es um Wissen, Geschicklichkeit, Bewegung und Fantasie und vor allem immer um ganz viel gute Laune!

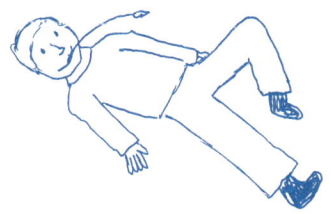

Ratespiele

Mit Ratespielen kann man auf sehr kurzweilige Art und Weise Wissen vermitteln und bestehendes Wissen festigen. Die Kinder lernen Informationen zu verknüpfen und Zusammenhänge herzustellen. Dabei kommt der Spaß nicht zu kurz, was den Lerneffekt auf lockerleichte Art noch verstärkt.

Rate, rate ...

Für dieses Spiel können Sie aus dem Vollen schöpfen. Sammeln Sie Tannenzapfen, Moos, Rindenstücke, Blätter, Blumen, Wildkräuter.

Jetzt werden einem Familienmitglied die Augen verbunden und es darf die gefundenen Schätze der Natur ertasten und dabei beschreiben, was es wahrnimmt. Dabei werden (fast) alle Sinne genutzt: Wie fühlt es sich an? Was macht es für ein Geräusch? Wie riecht es? Bei Kräutern auch: Wie schmeckt es? Der Ratende bekommt jeweils einen Hinweis, ob er den Gegenstand in den Mund nehmen darf oder nicht. Jedes Familienmitglied ist einmal an der Reihe.

Es ist erstaunlich, wie unterschiedlich die Empfindungen sind und wie sehr unsere Sinne uns hin und wieder im Stich lassen können. Wenn ein Familienmitglied gar nicht auf die richtige Lösung kommt, kann man natürlich auch Hilfestellung geben, entweder indem man Hinweise gibt oder der Ratende darf Fragen stellen, die mit ja oder nein, kalt oder heiß beantwortet werden.

Variante Die Fundstücke werden in einen Stoffbeutel gesteckt und jeder Mitspieler darf hineingreifen, etwas ertasten und laut sagen, was es ist, bevor er es dann aus der Tasche zieht.

Welches Tier bin ich?

Zur Vorbereitung für dieses Spiel werden heimische Tiere auf Klebezettel geschrieben. Dabei erzählt man den Kindern bereits von den Tieren und ihren Gewohnheiten. Je nach Alter können hier einfache Fakten und auch schwierigere Details genannt werden. Es ist gut, wenn die Fakten zu jedem Tier auf einem Merkzettel notiert werden, falls die Kinder während des Spiels nicht mehr weiter wissen. Nun bekommt ein Ratender einen blind gezogenen Zettel auf den Rücken geklebt, sodass alle Mitspieler außer ihm wissen, was für ein Tier er ist. Die Mitspieler geben ihm Hinweise. Der Ratende darf auch Fragen stellen.

Beispiel Auf dem Zettel steht Wildschwein. (Natürlich wird, sobald die Kinder das gelesen haben, erst einmal gekreischt und gekichert. Lachen ist gesund!)

Mögliche Hinweise
Du hast vier Beine.
Du bist ein Paarhufer.
Du lebst in Rotten.
Du suhlst dich gerne im Matsch.
Du hast Borsten.

Heimische Tiere Reh, Hirsch, Wildschwein, Kaninchen, Biber, viele Vogelarten (je nach Alter der Mitspieler kann man hier variieren), Eichhörnchen, Fuchs, Marder, Igel, Maulwurf ...
Variante Das Spiel lässt sich auch mit Pflanzen spielen, so kann man auf spielerisch-spaßige Weise den Wissensschatz der Kinder erweitern.
Heimische Pflanzen Kastanie, Fichte, Eiche, Haselnuss, Holunder, Heidelbeere, Walderdbeere, Brombeere, Spitzwegerich, Sauerklee, Gänseblümchen, Löwenzahn, Brennnessel ...

Eine Rotte Sauen in freier Wildbahn. Wunderschön anzusehen, aber nicht ganz ungefährlich. Es gilt: Abstand halten!

Mein eigener Stein

Es gibt viele Steine, die einander ähneln, aber wenn man sich einmal aufmerksam umschaut, dann findet man auch sehr viele sehr besondere Steine. Steine sind vielseitig, sie haben Persönlichkeit und jeder Stein hat seine individuelle Form. Und genau darauf zielt dieses Spiel ab.

Zuerst hat jeder Teilnehmer die Aufgabe, seinen ganz persönlichen Stein zu finden und kennenzulernen. Besonders gefragt ist hierbei der Tastsinn. Wie groß ist der Stein? Wie schwer? Wie fühlt er sich in der Hand an? Hat er besondere Kanten oder Flächen, die beim Tasten auffallen?

Je besser jeder seinen eigenen Stein kennt, desto leichter wird er ihn in der Runde auch wiedererkennen. Um Verwechslungen zu vermeiden, kann man die Steine mit einem Farbpunkt markieren; jedes Kind merkt sich seine Farbe.

Jetzt versammeln sich alle zu einem Kreis und die Steine kommen in einen Beutel. Ein Stein wird mit geschlossener Hand herausgenommen und befühlt. Hingeschaut wird nicht – das ist Ehrensache! Wenn es nicht der eigene Stein ist, wird er an den rechten Nachbarn weitergegeben. Auch der tastet und fühlt und entscheidet, ob es sich um seinen Stein handelt. Vermutet er, dass es sich nicht um seinen Stein handelt, gibt er ihn wieder nach rechts weiter. Glaubt er, seinen Stein erkannt zu haben, darf er die Hand öffnen und anhand der Farbmarkierung das Ergebnis überprüfen.

Dieses Spiel schärft das Gefühl für Formen.

Variante Das Spiel lässt sich auch mit Stöcken durchführen.

Geschichten

Die Welt steckt voller Geschichten, die nur darauf warten, entdeckt zu werden. Kinder haben ein besonderes Vergnügen daran, egal ob sie einer Geschichte lauschen oder sich selbst – angeregt von der Natur – die tollsten Dinge ausdenken. Dabei kommt die Fantasie in volle Fahrt und alle gemeinsam erleben spannende Abenteuer.

Wolkenabenteuer

Wolken sind faszinierend. Sie zu beobachten, ihren Weg zu verfolgen und die ständige Veränderung der Form zu erleben, erfüllt uns mit Freude. Wer kennt es nicht, auf einer Wiese zu liegen und mit den vorüberziehenden Wolken zu träumen?

Ganz oft kann man in Wolkenformen bekannte Figuren und Formen erkennen. Plötzlich sieht man einen alten Mann mit Pfeife, einen Elefanten, der auf einer Blumenvase balanciert, oder einen Hund, der auf dem Kopf steht.

Besonders lustig wird es, wenn man sich zu den gefundenen Figuren Geschichten ausdenkt. Oder man überlegt, wo die Wolke wohl gerade herkommt und was sie auf ihrer Reise erlebt haben könnte.

Spielerisch lernen die Kinder, eine Geschichte zu entwickeln. Anfangs sind das vielleicht nur kurze Ideen, ein einfacher Satz wie: Am Anfang hatte die Wolke ein bisschen Angst, aber jetzt macht es ihr Spaß, am Himmel zu reisen. Mit etwas Übung werden die Geschichten ausgefeilter, die Fantasie schlägt Purzelbäume. Durch geschickte Fragen kann man die Geschichtenentwicklung steuern und so das Kind langsam an einen Aufbau heranführen, den eine Geschichte braucht, um den Zuhörer zu begeistern.

Ein einfacher Rahmen, an dem entlang man eine Geschichte entwickeln kann, ist die Reise des Helden. Wie schwierig oder einfach es am Ende wird, hängt natürlich stark von der Erfindungslust und dem Alter des Kindes ab.

Hier sehen Sie ein vereinfachtes Schema, das Ihnen sicher helfen kann, wenn Sie mit Ihrem Kind gemeinsam zu Wolkenabenteuern aufbrechen.

Ausgangspunkt der Geschichte Zu Beginn ist die Welt noch in Ordnung, der Held ist in seiner gewohnten Umgebung.

Ruf Etwas geschieht, was den Helden aus seiner Ruhe bringt.

Reise Nach anfänglichem Zögern entschließt sich der Held, die Herausforderung anzunehmen.

Aufbruch und Abenteuer Der Held muss Hindernisse überwinden, Prüfungen bestehen.

Lösung In einem letzten großen Kampf, einer schwierigen Prüfung löst der Held seine Aufgabe.

Rückkehr Der Held kommt, gereift durch seine Erfahrungen, wieder in seiner gewohnten Umgebung an und wird dort für seine Taten gefeiert – oder er findet eine neue Heimat, beginnt sein neues Leben.

Geschichten sammeln

Es geht darum, Gegenstände zu sammeln. Entweder sucht man vorgegebene Dinge, um die Geschichte damit zu unterstreichen (Variante 1) oder man sucht einfach drauflos und lässt sich überraschen, was für eine Geschichte sich am Ende aus den Funden entwickeln wird (Variante 2).

Für beide Varianten gilt: Vereinbaren Sie gemeinsam eine bestimmte Sammelzeit oder vielleicht auch einen Weg, auf dem gesammelt wird, bis man den Zielort erreicht. Am Ziel angekommen, breitet man eine Decke aus oder setzt sich ins Gras. Sie könnten auch ein kleines Geschichten-find-Picknick veranstalten. Wichtig ist, dass Sie es sich gemütlich machen.

Variante 1: Eine bekannte Geschichte sammeln Wenn Kinder eine Geschichte lieben, dann wollen sie sie oft wieder und wieder hören. Die Figuren werden zu imaginären Freunden. Zu einer solchen bekannten und geliebten Geschichte sucht man passende Gegenstände. Entweder sind das Dinge, die in der Geschichte vorkommen und die man in der Natur finden kann, oder es sind Dinge, die zur Geschichte passen – auch wenn sie nicht direkt darin vorkommen. Wenn man einige ausgesuchte Dinge zur Geschichte passend zum Anfassen hat, bekommt die Geschichte dadurch eine andere Energie. Realität und Fiktion treffen sich.

Das ist nichts Unbekanntes. In Büchern findet man oft die zur Geschichte passenden Rezepte, bei Erwachsenen Weinempfehlungen oder bei Kindern Bastelanleitungen. Immer schwappt ein Teil einer erfundenen Geschichte in unser reales Leben hinüber und das macht uns Spaß, stellt eine zusätzliche Verbindung her. Es gibt Lesungen mit dem im Buch vorkommenden Menü, mit dem Wein zur Geschichte oder mit dem passenden Senf. Und genau das machen Sie mit Ihrem Kind auch.

Sie sammeln Gegenstände, die entweder direkt oder indirekt mit der Geschichte zu tun haben. Im Anschluss machen Sie es sich alle gemeinsam gemütlich, die Fundstücke werden ausgebreitet und die Geschichte wird vorgelesen oder erzählt. Immer wenn ein Gegenstand erwähnt wird oder an einer Stelle passen würde, wird dieser hochgehalten, betrachtet oder betastet.

Variante 2: Für besondere Kreativköpfe Aus den gesammelten Dingen eine eigene Geschichte erfinden.

Wieder geht es, wie schon bei Variante 1, darum, möglichst viele Gegenstände zu sammeln. Doch dieses Mal ist das zuerst ganz absichtslos. Jeder darf das einpacken, was ihm gefällt. Egal ob es Blätter, Steine oder auch getrocknete Matschklumpen sind. Die gefundenen Schätze werden ausgebreitet und jetzt geht es darum, die Geschichte zu den Fundstücken zu finden. Dabei kann ein einzelner Gegenstand in das Zentrum der Aufmerksamkeit gestellt werden, oder es werden mehrere

Fundstücke gemeinsam zu einer Geschichte verwoben. Um sich warm zu fabulieren, helfen oft Fragen. Zum Beispiel: Das Fundstück ist ein Stein. Fragen: Wie alt ist der Stein? Wo ist er auf die Welt gekommen? Was wäre, wenn der Stein sich in eine Steinlaus verliebt? Wo kommt der Stein her? War er schon mal in China? Oder ganz oben auf einer Eiche? Alle Antworten sind erlaubt.

Herauskommen können bei solchen Spielen ganz kurze Abenteuer wie: „Der Stein kam auf die Welt und hat sich in eine Steinprinzessin verliebt. Weil sie ihn nicht wollte, lebt er jetzt hier im Wald." Manchmal entwickeln sich Fundstücke aber auch als wahre Geschichtenquellen, die immer weiter und weiter sprudeln und über Wochen und Monate gibt es immer neue Abenteuer.

Ein anderes Beispiel: Bei den Fundstücken liegt ein Gänseblümchen. „Oh je, oh je, das hat bestimmt Tom verloren!", könnten Sie jetzt sagen. „So ein Pech aber auch."

Schon haben Sie die Neugier der anderen Geschichtenfinder geweckt. Vielleicht kommen

Fragen: Wer ist denn Tom? Wieso ist das Pech? Jetzt legen Sie los und erzählen die Geschichte von Tom und wieso ein Gänseblümchen so wichtig für ihn ist.

In der Natur wird die Fantasie oft besonders lebendig und die Ideen schlagen Purzelbäume. Da finden sich spannende, lustige und berührende Geschichten – je nach Lust und Laune.

Vertauschte Stiefel

„Mama, gehen wir endlich?"

Der Bärenjunge Tom springt aufgeregt um die Mutter herum. Er hat sein Honigbrot schon lange aufgegessen. Heute ist Sommerfest und er will auf keinen Fall zu spät kommen. Sie wollen Wetthüpfen machen und auf Bäume klettern.

„Wir haben noch genügend Zeit, Tom", sagt Mama Bär. „Du kannst ja schon mal deine Stiefel holen. Ich helfe dir beim Anziehen."

„Aber Mama, das kann ich doch alleine."

Tom möchte am liebsten alles alleine schaffen. Fröhlich hüpft er auf einem Bein durch die Küche und singt dabei: „Japadapadu, in meine Schuh schlüpf ich im Nu!"

Im Flur schnappt er sich seine blauen Stiefel. Er setzt sich auf den Boden.

Dann versucht er, in die Stiefel zu schlüpfen. Doch das ist schwer.

Tom schnauft.

Er zerrt und zieht. Vor Anstrengung wird sein Kopf ganz rot. Tom schwitzt.

Trotzdem singt er immer noch: „Japadapadu, in meine Schuh schlüpf ich im Nu."

Mama Bär hat inzwischen den Frühstückstisch abgeräumt.

„Kommst du, Tom?"

Sie steht im Höhleneingang und wartet.

„Gleich, Mama."

Einen Stiefel hat er an. Der zweite macht ihm noch Schwierigkeiten.

Mit Kraft zieht Tom noch einmal an dem störrischen Stiefel. Endlich. Er hat es geschafft.

„Ich komme schon!"

Tom springt auf. Er will zu seiner Mutter laufen.

Aber was ist das?

Die Stiefel drücken. Tom stolpert und plumpst auf den Boden.

„Mama, meine Stiefel sind zu klein!"

Tom fängt an zu weinen.

„Darf ich jetzt nicht zu den anderen Kindern? Ich möchte doch so gerne auf der Waldlichtung spielen."

„Ganz ruhig, mein Schatz."

Toms Mama wischt seine Tränen weg.

„Natürlich darfst du spielen gehen. Schau mal, die Stiefel sind nur vertauscht."

Im Nu hat Tom mit Mamas Hilfe die Stiefel ausgezogen.

Dann schlüpft er wieder hinein.

Diesmal aber richtig.

Seine gute Laune ist auch schnell zurück.

Tom singt schon wieder fröhlich: „Japadapadu, in meine Schuh schlüpf ich im Nu."

Vergnügt springt er um seine Mama herum. Die hat noch eine tolle Idee.

„Auf die Außenseite der Stiefel kleben wir ein Gänseblümchen. Dann weißt du immer, wie 'rum du sie anziehen musst."

„Und dann kann ich es alleine!"

Tom jubelt.

Seine Mama ist die Beste!

Zusammen machen sie sich auf den Weg zur Waldspielgruppe.

Tom singt immer noch: „Japadapadu, in meine Schuh schlüpf ich im Nu."

Natürliche Musik

Wenn man der Natur zuhört, dann kann man ihrem Lied lauschen. Das Rauschen der Blätter, das Plätschern des Wassers oder das Brausen des Windes – immer liegt Musik in der Luft. Man kann aber auch Gegenstände sammeln, mit denen man selbst Musik machen kann.

Suchen Sie sich ein Lied aus und probieren Sie unterschiedliche Möglichkeiten aus, die Melodie mit dem Naturorchester zu begleiten. Das macht mit einem einzelnen Kind ebenso viel Spaß wie mit einer ganzen Gruppe.

Steine bringen Rhythmus

Klatschen, mit den Füßen wippen oder sich im Takt bewegen – das lieben bereits die ganz Kleinen. Um einen mitreißenden Rhythmus hinzubekommen, braucht es nicht zwangsläufig fertige Instrumente; mit ein bisschen Inspiration bietet die Natur eine Fülle an Möglichkeiten. Besonders gut klappt es mit Steinen.

Man kann zwei Steine gegeneinander klopfen, das klingt hell und erzeugt einen klar definierten Ton. Wenn man eine Handvoll Steine in einen Stoffbeutel tut und diesen schüttelt oder auf den Boden klopft, erzeugt man einen Strauß Töne.

Man kann die Steine auch in einen leeren Joghurtbecher geben und diesen rhythmisch schütteln. Je nach Behälter, Steingröße und Steinmenge verändern sich die Töne.

Tipp Die Steine kann man durch Kastanien oder Haselnüsse ersetzen, auch das verändert den Klang der Naturmusik.

Musikalische Äste

Auch Äste eignen sich hervorragend als Instrumente. Man kann sie gegeneinander schlagen, auf den Boden klopfen oder auf einen Stein.

Wenn man Äste aneinander reibt, ergibt auch das einen Rhythmus.

Sammeln sie mehrere unterschiedliche Äste, die in Dicke und Länge variieren. Jetzt können Sie ausprobieren, wie welcher Ast klingt und wie sich die Töne verändern, wenn man die Äste austauscht.

Man kann auch einen Fichtenzapfen als Reibe nehmen und ihn an einem Ast entlangführen.

Blätterrascheln

Trockene Blätter rascheln und machen ihre eigene Musik. Die einfachste Art, mit Blättern zu rascheln, ist es, durch trockenes Laub zu laufen und es dabei aufzuwirbeln oder mit Händen und Füßen in einem Laubhaufen zu wühlen.

Man kann aber auch trockenes Laub sammeln und damit ein natürliches Instrument herstellen. Packen Sie das Laub in einen Beutel, diesen können Sie jetzt schütteln oder mit der Hand hineingehen und durch das Laub fahren. Oder Sie füllen Laub in eine Plastikschüssel. Machen Sie die Schüssel nicht ganz voll, damit das Laub noch Bewegungsfreiheit hat. Die Schüssel wird verschlossen und schon kann man sie rhythmisch bewegen und das Laub rascheln lassen.

Naturpfeife

Pfeifen gibt es in vielen Ausführungen von ganz einfach bis zu richtig kompliziert. Die einfachste Variante ist der zwischen die Daumen gespannte Grashalm, auf dem man pfeifen kann. Dazu nimmt man ihn in eine Hand, platziert ihn am Daumengrundgelenk und hält ihn am oberen Daumengelenk ebenfalls fest. Jetzt kommt man mit der anderen Hand, setzt mit dem Daumengrundgelenk etwas oberhalb des anderen Daumengrundgelenkes an und streift nach unten, bis die Gelenke aneinanderdrücken.

Durch dieses Streifen, bei dem man aber den Grashalm festhält, bringt man ein bisschen Spannung auf den Halm. Vorsicht, wenn man zu fest streift, reißt das Gras. Das ist aber auch nicht so schlimm, die Natur hält zum Glück reichlich Nachschub bereit.

Hat man den Grashalm zwischen die Daumen gespannt, bläst man auf den Zwischenraum, zwischen Grundgelenk und oberem Daumengelenk. Es braucht etwas Übung, dann ertönt sicher bald das erste laute Graspfeifen. Könner schaffen durch Änderung der Fingerhaltung und Spannung eine Reihe unterschiedlicher Töne.

Die anspruchsvollere Pfeife wird aus einem Weiden- oder Haselnussast geschnitzt. Das ist beim ersten Mal nicht ganz einfach, aber die Mühe lohnt sich. Je öfter man es macht, desto leichter fallen die einzelnen Handgriffe.

Sie brauchen ein scharfes Messer und eine Gartenschere. Schneiden Sie mit der Gartenschere von einer Weide oder einem Haselnussstrauch einen frischen Trieb mit etwa 12 Zentimetern Länge. Der Ast sollte etwa fingerdick und gerade gewachsen sein und keine Verwachsungen haben. Man nimmt nicht den Hauptast, sondern einen der vielen Seitenäste, die wachsen problemlos und schnell wieder nach. Den Ast am besten nicht abbrechen, damit die Rinde nicht verletzt wird.

Jetzt ritzen Sie in das obere Viertel des Astes das Luftloch für die Pfeife in die Rinde und heben Sie die Rinde vom Holz ab. Das Loch soll unten etwas gerundet, oben gerade sein. Im unteren Drittel des Astes ritzen Sie einmal rundherum die Rinde komplett ein.

Jetzt wird es etwas kniffliger. Legen Sie den Ast auf einen harten Untergrund und klopfen sie den oberen Teil der Rinde vorsichtig frei. Das macht man am besten mit einem flachen Stein. Die Rinde muss sich lösen, darf aber keinesfalls reißen!

Dieser Schritt ist der wichtigste und anspruchsvollste; es braucht etwas Geduld, klappt aber sicher, wenn der Ast wirklich frisch ist. Ziehen Sie die gelöste Rinde vorsichtig vom Holz herunter und legen Sie sie zur Seite.

Jetzt wird der Ast an der Stelle, an der Sie das Luftloch für die Pfeife aus der Rinde geritzt haben, abgeschnitten. Von dem kurzen abgeschnittenen Stück Holz, das zum Mundstück wird, wird nun ein Span abgeschnitten. Lieber erst wenig und bei Bedarf den Vorgang wiederholen.

Jetzt wird die Pfeife zusammengesetzt. Das Mundstück wird mit der flachen Seite (auf der Sie den Span weggeschnitten haben) von oben wieder in die Rinde geschoben. Von unten wird der Rest des Holzes hineingeschoben und man kann nun durch Hoch- und Runterschieben die Töne beim Pfeifen verändern.

So eine Pfeife aus Weide oder Haselnuss ist nicht langlebig. Nach einem Tag, wenn der Ast zu trocknen beginnt, ist der Musikspaß meist schon wieder vorbei. Das ist aber gar nicht schlimm, denn man kann sich einfach eine neue Pfeife schnitzen. So bekommt man auch gleich Übung und mit jedem Mal wird es einfacher.

zieht einen Wollfaden hindurch. Das ergibt die Fingerschlaufen. Schon ist die Nuss-Kastagnette fertig.

Statt der Walnussschalen kann man auch flache Steinchen aufkleben oder Holzstückchen. Je nach Material verändert sich der Ton.

Wer Lust hat, kann die Kastagnetten natürlich auch noch anmalen und schön gestalten.

Tipp Etwas haltbarer wird es, wenn man die Pappe laminiert. Wenn die Pappe bemalt werden soll, vor dem Laminieren daran denken.

Kastagnetten

Man braucht zwei halbe Walnussschalen, einen Pappstreifen, Klebstoff, Wolle und eine Schere.

Den Pappstreifen, der etwa 5 mal 15 Zentimeter hat, knickt man in der Hälfte und klebt auf die unteren Innenseiten der Pappe die halben Walnussschalen mit der flachen Seite fest. Oberhalb der Schalen macht man vorsichtig auf jeder Seite zwei Löcher in die Pappe und

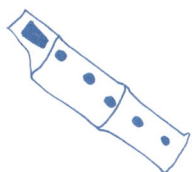

Selbst gebastelte Naturinstrumente bringen eine eigene besondere Musik hervor.

Suchspiele

Mit Spaß und Spiel lernen, genau das ist es, was unsere Kinder brauchen und lieben. Suchspiele können je nach Variante Fähigkeiten festigen und sie stärken die Konzentration. Da die Kinder dabei in Bewegung sind, fällt es ihnen oft viel leichter, bei der Sache zu bleiben. Diese Erfolgserlebnisse stärken das Selbstbewusstsein.

Sammeln und Suchen in der Natur macht besonders viel Spaß. Dieses Spiel kann man wunderbar immer wieder neu abwandeln. Man vereinbart die Vorgaben, kann dem Kind einen Auftrag geben oder, wenn mehrere Kinder beteiligt sind, die Aufgaben aufteilen und auf Zettel schreiben, so kann jedes Kind mit einem anderen Auftrag losziehen.

Diese Aufträge variieren, sie können sehr konkret formuliert sein, zum Beispiel: „Sammle fünf Fichtenzapfen" oder auch offener wie: „Sammle zehn Dinge, die zu einem Baum gehören."

Wichtig ist, dass man eine Zeit vereinbart oder ein Sammelzeichen. Und natürlich einen Treffpunkt. Je nach Alter des Kindes kann der Radius des Spieles sehr eng gehalten oder nach Belieben ausgedehnt werden.

Man muss auch nicht immer das Gesuchte sammeln, bei manchen Aufträgen funktioniert das nicht. Wenn es zum Beispiel darum geht, fünf Haselnusssträucher zu finden, kommt man mit Sammeln an die Grenze. Hier kann man zum Beispiel eine Karte zeichnen und der Sucher kennzeichnet die Stellen, an denen er das gesuchte Objekt gefunden hat. Oder das Kind nimmt einen Fotoapparat mit und fotografiert die Fundstellen.

Suche etwas für die Sinne

Hier wird das Wissen um die Sinne aufgefrischt und vertieft. Das Kind sucht etwas, was die Sinne anspricht. Etwas zum Fühlen, Sehen, Riechen, Schmecken und Hören. Für jeden Sinn wird ein anderer Gegenstand gesucht.

Man kann bei mehreren Kindern jedem Kind einen Sinn zuordnen, oder man kann den Auftrag variieren und einen Gegenstand suchen lassen, der möglichst alle Sinne anspricht. Natürlich dürfen die Kinder ihre Funde dann vorstellen und erklären, welcher Sinn aktiviert wird und weshalb. Dabei dürfen Kinder ihre Kreativität ausleben und gerne auch außergewöhnliche Kombinationen wählen, als Spielführer sollten Sie nur darauf achten, dass der Gegenstand und der Sinn auch wirklich zusammenpassen.

Suche eine Farbe

Spielend den Umgang mit Farben lernen, je nach Alter des Kindes wird diese Aufgabe sehr leicht gestellt oder anspruchsvoller.

Wenn Sie mit Ihrem dreijährigen Zwerg auf der Wiese sitzen, dann können Sie das Kind langsam an das Spiel heranführen, ihm Wiesenblumen vorstellen und die Farbe dazu benennen. Später fragen Sie dann nach einer gelben, roten oder lilafarbenen Blume. Vielleicht endet das Spiel mit einem kleinen hübschen Wiesenblumenstrauß?

Soll der Schwierigkeitsgrad erhöht werden, kann man formulieren: „Sammle zehn unterschiedliche gelbe Dinge." Oder „Sammle zwei grüne, drei braune und fünf gelbe Dinge." Hier kommen zu den Farben auch die Zahlen, und man kann damit sogar kleine Rechenaufgaben verbinden. Zum Beispiel: „Suche drei gelbe Blumen und so viele rote, dass es zusammen fünf Blumen sind." Spielerisch werden Kinder so an den Aufbau und die Denkweise von Textaufgaben herangeführt.

Suche eine Zahl

Auch beim Suchen nach Zahlen kann man wunderbar auf das Alter und die Fähigkeiten eingehen und diese fördern. Wichtig ist, den Schwierigkeitsgrad der Aufgaben so zu wählen, dass das Kind gefordert – aber nicht überfordert – ist. Leichtere Aufgaben zwischendurch sorgen für sichere Erfolgserlebnisse und dafür, dass das Kind mit Spaß bei der Sache bleibt.

Für kleinere Kinder könnte man eine Zahl vorgeben, die man dann – gemeinsam mit dem Kind – sucht. Beispiel: Wir suchen vier Gänse-

blümchen. Das wird dann Stück für Stück gesteigert.

Zuerst wird das Kind die Blümchen selbstständig suchen. Später werden die Zahlen nicht mehr vorgegeben, sondern in kleine Rechenaufgaben verpackt. Auch hier kann man ganz einfach anfangen.

Wenn mehrere Kinder mitmachen, schreibt man einfach mehrere Zettel mit Aufgaben und jedes Kind darf einen Zettel ziehen. Man kann die Aufgaben auch in Form von Textaufgaben stellen. Es müssen auch nicht die gleichen Dinge gesucht werden, sondern die Aufgaben können kombiniert werden.

Die Möglichkeiten sind enorm und so ist Abwechslung garantiert.

Merk dir was!

Regelmäßige Merkübungen stärken die Merkfähigkeit und die Konzentration. Suchen Sie je nach Alter des Kindes zwei oder mehr Gegenstände aus der Umgebung. Bei kleinen Kindern bleibt man im nahen Umfeld, für größere Kinder kann man den Suchradius erweitern.

Wenn mehrere Kinder dabei sind, können sich alle an der Suche beteiligen, dann macht man eine Suchzeit aus und vereinbart den Treffpunkt. Die gesammelten Schätze werden dann von ihnen begutachtet und eine gewisse Anzahl für das Spiel ausgewählt. Hat man viele Gegenstände, kann man einfach mehrere Durchläufe spielen.

Die Gegenstände werden auf eine Decke gelegt und das Kind darf sie für eine gewisse Zeit betrachten und sich einprägen. Dann werden die Gegenstände zugedeckt und das Kind losgeschickt, alles noch einmal zu suchen. Mit den ganz Kleinen kann man das gemeinsam machen.

Nehmen mehrere Kinder an dem Spiel teil, kann man es als Wettbewerb gestalten. Wer hat als Erster alle Gegenstände zusammen? Wenn es mehrere Durchläufe gibt, hat man jeweils einen Rundensieger und am Ende einen Gesamtsieger, der die meisten Runden gewonnen hat.

Ich finde deinen Platz

Natürlich macht es Kindern immer Spaß, Schätze zu sammeln und Beute nach Hause zu bringen. Es kann aber auch sehr spannend sein, dem jeweiligen Fund den richtigen Platz zuzuordnen. Wenn Sie das Suchen und Zuordnen auf zwei Tage aufteilen, haben Sie mit einem Spiel zwei spannende Erlebnistage in der Natur. Eine Pause zwischen diesen beiden Tagen erhöht den Schwierigkeitsgrad.

1. Durchlauf Hier kommt wieder einmal der natürliche Sammeltrieb der Kinder auf seine Kosten. Gehen Sie gemeinsam in die Natur und sammeln Sie typische Dinge wie Kastanien, Nüsse, Bucheckern, gut zuzuordnende Blätter, Tannenzapfen ...

2. Durchlauf Das kann auf dem Rückweg sein, am nächsten Tag oder auch mit einer Pause dazwischen. Jetzt geht es darum, dass das Kind die Fundstücke wieder an die passende Stelle zurückbringt. Die Kastanie gehört unter den Kastanienbaum, das Birkenblatt nicht unter die Buche usw. Durch diese Aktion schärft sich die kindliche Wahrnehmung, ein Baum ist nicht mehr einfach nur ein Baum, sondern hat individuelle Merkmale.

Der Schwierigkeitsgrad dieser Aufgabe lässt sich wunderbar dem Alter des Kindes anpassen.

Koboldereien

Für dieses Abenteuer müssen Sie vorab allein in die Natur ziehen. Suchen Sie sich ein Stück Waldweg oder ein anderes abwechslungsreiches Stück Natur aus und spielen Sie Kobold.

Nehmen Sie Veränderungen vor, die Sie dann gemeinsam mit dem Kind am nächsten Tag suchen.

Je nach Alter des Kindes kann die Schwierigkeitsstufe variiert werden.

Beispiele Einen Gegenstand, der nicht in den natürlichen Raum gehört, deponieren, zum Beispiel einen Blumentopf.

Den Zweig eines Laubbaumes zwischen die Zweige einer Fichte stecken.

Kastanien unter einen fremden Baum legen.

Zapfen unterschiedlicher Bäume vertauschen.

Am Ende des Weges können Sie auch einen Schatz verstecken, den es als Belohnung gibt, wenn das Kind alle Koboldereien aufgespürt hat.

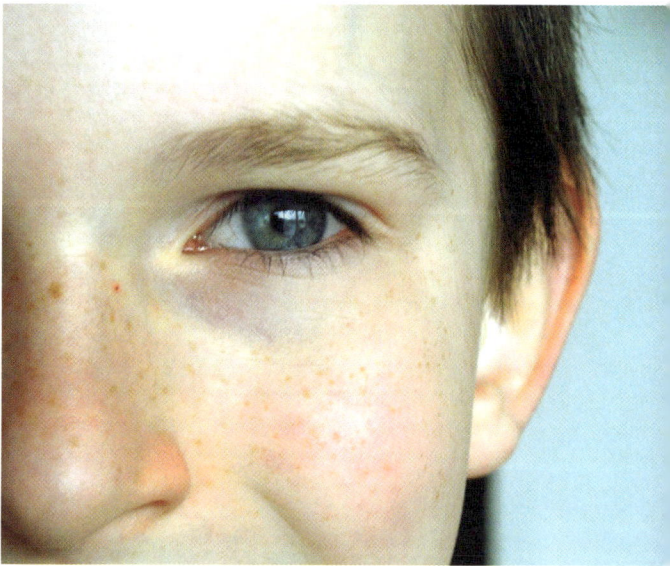

Tobespiele

Neben dem Raum für Entdeckungen und Beobachtungen bietet die Natur auch einen wunderbaren Spielplatz, wo es jede Menge Möglichkeiten gibt, sich auszutoben und Spaß zu haben.

Fangen

Die Grundform dieses Spiels ist denkbar einfach. Einer ist der Fänger, alle anderen werden durch Abklatschen gefangen. Jeder der gefangen wurde, scheidet aus.
Variante Man kann den Fänger ständig wechseln, immer der nächste Abgeklatschte wird selbst zum Fänger.
Variante Man teilt eine Gruppe in gleich viele Fänger und Gejagte. Das gibt ein wildes und lustiges Gewusel. Um hier den Überblick zu behalten, bekommen die Fänger eine Markierung, zum Beispiel ein Stück Stoff, an den Oberarm gebunden, ein Stirnband oder eine Mütze auf. Auch gleichfarbige Shirts wären eine Möglichkeit.
Um den ersten Fänger zu bestimmen, wird ein Abzählreim genommen. Zum Beispiel einer dieser Klassiker: „Ene mene muh, raus bist du, raus bist du noch lange nicht, sag mir erst wie alt du bist. 1,2,3 ..." oder: „Eine kleine Haselmaus zog sich mal die Hosen aus, zog sie wieder an und du bist dran." Natürlich kann man auch eigene Abzählreime erfinden, das macht Spaß und lässt sich immer wieder neu variieren.

Draußen zu toben, gemeinsam zu rennen, zu suchen und darüber die Zeit zu vergessen – das sind wertvolle Momente der Kindheit.

Verstecken

Wie schon beim Fangen, gibt es auch beim Versteck spielen eine einfache Grundform. Einer muss suchen, alle anderen verstecken sich. Der Sucher schließt für eine vorher vereinbarte Zeit die Augen, während die Mitspieler sich rundherum einen sicheren Unterschlupf suchen.
Meistens muss der Sucher in der Zeit laut bis 50 zählen und dann laut „ich komme" rufen. Das Spiel endet für die einzelnen Spieler, wenn sie gefunden werden. Hierzu kann der Sucher entweder zum Versteckten hinlaufen und ihn abklatschen oder auch laut Namen und Versteck rufen.
Variante Man vereinbart eine Freiklatschstelle. Hat der Sucher jemanden gefunden, geht der Wettlauf los. Wer zuerst die verein-

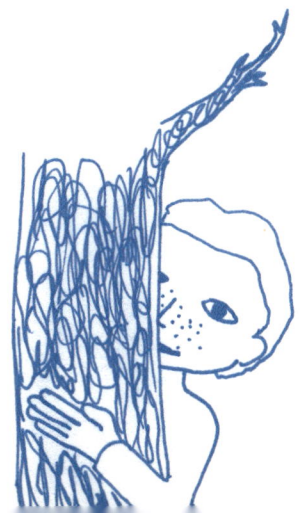

barte Stelle erreicht und abklatscht, hat gewonnen.

Ein schöner Abzählreim, um den Sucher zu bestimmen, ist zum Beispiel: „Itze, Witze, Rabenfuß, rate mal, wer suchen muss! Itze, Witze, ruh, raus bist du!"

Ochs vorm Berg

Durch Abzählen wird ein Kind gewählt, das der „Ochse" sein darf. Alle anderen Kinder stellen sich gut 20 Meter entfernt hinter einer Linie auf. Man kann diese Grenze auch durch örtliche Gegebenheiten wie Büsche oder Bäume festlegen. Der „Ochs" steht mit dem Rücken zu der Gruppe und ruft: „Ochs vorm Berg, Esel an der Wand, Eins, Zwei, Drei!" Er kann das Sprechtempo variieren, damit wird es für die Gruppe schwieriger, abzuschätzen, wann er sich umdrehen wird.

Während die Ochse den Spruch aufsagt, rennen die anderen Kinder so schnell wie möglich auf ihn zu. Sobald der Spruch beendet ist, dreht der Ochse sich blitzschnell um. Alle Kinder müssen jetzt mucksmäuschenstill stehen bleiben. Wer sich bewegt und vom Ochsen erwischt wird, muss wieder zurück hinter die Anfangslinie. Die anderen Kinder dürfen stehen bleiben und von dort weiterspielen. Der Ochse dreht sich wieder um und sagt erneut seinen Spruch. So nähern sich die Kinder aus der Gruppe immer mehr dem Ochsen. Das erste Kind, dass es schafft, bis zum Ochsen zu kommen und ihn abzuschlagen, hat gewonnen und ist der neue „Ochs vorm Berg".

Fischer, wie tief ist das Wasser?

Alle Kinder stehen auf einer freien Fläche. Einer darf der Fischer sein, beim Auswählen hilft ein Abzählreim. Der Fischer steht einige Meter entfernt von der Gruppe.

Die Kinder rufen dem Fischer zu: „Fischer, Fischer, wie tief ist das Wasser?" Der Fischer darf antworten, was er möchte, zum Beispiel: „Das Wasser ist tief, mitteltief, ozeantief oder gar nicht tief." Die Kinder fragen: „Und wie sollen wir da 'rüber kommen?" Die Antwort des Fischers ist wieder frei, zum Beispiel: hüpfend, springend, tanzend, krabbelnd, auf einem Bein, mit Purzelbäumen, seitlich gehend oder rückwärts laufend. Daraufhin versuchen alle Kinder – auch der Fischer – jeweils so, wie der Fischer es angesagt hat, auf die andere Seite des Spielfeldes kommen. Dabei versucht der Fischer, die Kinder aus der Gruppe abzuklatschen. Wer vom Fischer erwischt wird, wird sein Helfer und damit ebenfalls zum Fänger. Wer als letztes übrig bleibt, wird der neue Fischer, das Spiel startet von vorne.

Der Plumpsack geht um

Dieses Spiel ist ein klassisches Kreisspiel. Es sorgt für Bewegung, fördert aber auch die Konzentration, weil alle sehr konzentriert aufpassen, wo der Plumpsack wohl landen wird.

Ein Kind wird per Abzählreim ausgewählt und darf als erstes mit dem Plumpsack herumgehen. Alle anderen Kinder setzen sich eng an eng in einen Kreis. Die Köpfe werden ein bisschen nach vorne geneigt und die Kinder sagen alle zusammen: „Dreh dich nicht um, der Plumpsack geht um! Wer sich umdreht oder lacht, kriegt den Buckel blau gemacht!" Das ausgewählte Kind schleicht nun mit dem Plumpsack in der Hand – am besten ist das ein Taschentuch – um den Kreis herum. Ganz leise und heimlich lässt es hinter einem der Kinder den Sack fallen und läuft weiter. Sobald das Kind merkt, dass der Plumpsack hinter ihm liegt, springt es auf, nimmt den Plumpsack und versucht das andere Kind zu fangen. Dieses Kind läuft nun schnell auf den freigewordenen Platz im Kreis und setzt sich hin. Kann es sich in die Lücke retten, ist der Verfolger an

der Reihe, den Plumpsack zu verteilen. Wird
es erwischt, muss es den Plumpsack wieder
nehmen und noch mal neu beginnen. Be-
merkt ein Kind den Plumpsack hinter seinem
Rücken nicht, während das ausgewählte Kind
eine Runde macht, muss es sich in die Mitte
des Kreises setzen und so lange dort bleiben,
bis ein anderes Kind den Plumpsack nicht be-
merkt hat. Dann wird der Platz getauscht, und
das neue Kind setzt sich in die Mitte.

Neben mir, hinter mir,
über mir, gilt es nicht:
ich komme!

Geschicklichkeitsspiele

Nasenhütchen

Aus der Frucht des Ahorns lassen sich ganz wunderbar lustige Nasenhütchen basteln.
Das sieht nicht nur witzig aus, sondern lädt auch zu einem kleinen Wettbewerb ein. Wer kann das Hütchen am längsten auf der Nase halten? Um die Sache schwieriger zu gestalten, kann jemand, ähnlich wie beim Spiel „Armer schwarzer Kater" Grimassen schneiden und versuchen, die Spieler zum Lachen zu bringen.

Rindenboote

Aus Rindenstücken kann man wunderbare Boote bauen. Man kann sie einfach so zu Wasser lassen oder sie – zusammen mit anderen Naturschätzen wie Blättern, Kastanien, Blüten – mit nach Hause nehmen und in aller Ruhe zu den tollsten Booten basteln.
Was für ein Spaß, wenn man die Boote dann zu Wasser lässt! Wer Lust hat, kann an einem kleinen Bach auch ein Bootsrennen organisieren. Ob als Wettbewerb oder einfach nur als Zeitvertreib, der Spaß ist auf jeden Fall garantiert.
Alternativ kann man statt Rindenbooten auch Mini-Boote aus Walnusshälften basteln.

Murmelbahn

Größere Rindenstücke kann man ganz wunderbar zu Murmelbahnen zusammensetzen. Dazu werden bei einem Ausflug in die Natur viele große, möglichst lange, Rindenstücke gesucht. Zu Hause im Garten kann man dann die Rindenstücke mit einem leichten Gefälle zu einer Bahn zusammenlegen und Murmeln entlanglaufen lassen.

Nasenzwickel, zwickel, zwackel,
wenn ich mit der Nase wackel,
zeigt sich, ob das Hütchen hält,
oder von der Nase fällt.

DRAUSSEN ESSEN

Essen in der freien Natur ist eine Freude. Wenn man aber nicht nur den Raum nutzt, sondern auch noch das integriert, was die Natur zu bieten hat, dann wird es zu einem besonderen Erlebnis. Wichtig ist dabei immer, dass Sie sich sicher sind in der Erkennung der jeweiligen Pflanze und im Zweifel lieber nicht zugreifen. Falls das Sammeln von Wildkräutern für Sie komplettes Neuland ist, lohnt sich eine Kräuterwanderung unter fachkundiger Anleitung. Diese werden bundesweit angeboten, oft auch für Familien mit Kindern. Nach so einer Wanderung wird es Ihnen leicht fallen, auch alleine die passenden Kräutlein zu finden und mit Ihrem Kind gemeinsam zu genießen. Aber nicht nur Wildkräuter laden zum Zugreifen ein. Kastanien, Bucheckern und Waldbeeren locken mit ihren vielfältigen Aromen und wollen die Geschmacksknospen erfreuen. Einige unkomplizierte Sammel-Anregungen finden Sie auf den folgenden Seiten.

Picknickrezepte zum Vorbereiten

Picknick macht Spaß! Essen, Spielen und Toben in der Natur, das ist ein Fest für Groß und Klein.

Vor allem Kinder, die kritische Esser sind, lassen sich durch die Eigeninitiative und durch die Erfahrung, etwas selbst gesammelt zu haben, oft auch an neue Geschmackserlebnisse heranführen und sind in der lockeren Picknickatmosphäre eher bereit, sich auf neue Erfahrungen einzulassen.

Stockbrot am Lagerfeuer

Wenn zu Ihrem Picknick auch ein Lagerfeuer gehört, dann darf das Stockbrot natürlich nicht fehlen. Bereiten Sie den Grundteig zu Hause vor.

Grundteig für Stockbrot

* 500 g Mehl
* 1 Würfel Hefe
* 2 Prisen Salz
* Etwa 250 ml lauwarmes Wasser

Das Mehl in eine Schüssel geben, in die Mitte eine Mulde drücken und die Hefe hineinbröckeln. Etwa 200 ml Wasser dazugeben und die Hefe darin auflösen. Mit etwas Mehl einen weichen Vorteig rühren und an einem warmen Platz eine halbe Stunde gehen lassen. Jetzt das Salz hinzugeben und den gegangenen Vorteig mit dem restlichen Mehl zu einem geschmeidigen, aber nicht mehr klebrigen Teig verarbeiten. Das restliche Wasser nach Bedarf hinzugeben oder auch weglassen. Den Teig nochmals gehen lassen. Jetzt ist er fertig und kann zu Stockbrot weiterverarbeitet werden. Wenn Sie ein süßes Stockbrot haben wollen, geben Sie etwas Zucker (drei bis vier Esslöffel genügen) sowie ein Päckchen Vanillezucker in den Grundteig und verwenden Milch statt Wasser. Eine Prise Salz sollte aber auch in den süßen Teig.

Für das Stockbrot brauchen Sie natürlich auch Stöcke. Sie sollte etwa einen Meter lang sein. Der Teig wird in etwa hühnereigroße Portionen geteilt. Jetzt kann man nach Lust und Laune die Funde aus der Natur dazugeben, nochmals alles gut durchkneten und den Teig zu einer Schlange formen. Diese Teigschlange wird um das Ende des Stockes gewickelt. Das Brot wird über die Glut gehalten und dabei immer wieder langsam ein Stück weitergedreht. Die Hitze darf nicht zu hoch sein, damit der Teig langsam backen kann und nicht verbrennt.

Tipp Man kann natürlich auch Kräuter, Blüten oder Nüsse schon vor dem Aufteilen zum Teig geben, aber wenn man zuerst die Teigportionen trennt, kann jeder nach eigenem Geschmack entscheiden, was er im Teig haben will. Dazu kommt das Vergnügen, das eigene Brot zuzubereiten.

Blütenbrote Es gibt eine Vielzahl essbarer Blüten, sowohl im eigenen Garten als auch in freier Wildbahn. Man nimmt dazu nur die Blütenblätter, das schmeckt feiner und man verhindert damit, dass die Brote eine bittere Note bekommen.

Pflanzen, deren Blüten sich für ein Blütenbrot eignen

Ringelblumenblüten Schmecken leicht herb und ganz dezent salzig.

Gänseblümchenblüten Die nur teilweise geöffneten Blüten sind lieblicher im Geschmack. Ist die Blüte ganz geöffnet, schmeckt sie leicht bitter.

Löwenzahnblüten Sie schmecken leicht herb, mit einer lieblichen Note.

Kleeblüten Die Geschmacksrichtung von Klee ist mild-herb.

Schafgarbeblüten Sie schmecken lieblich und ein bisschen blumig.

Auch die Blüten von Kräutern kann man sehr gut für Stockbrote verwenden:

Rosmarin Der Geschmack ist würzig-herb, ein bisschen parfümig. Er erinnert etwas am Kampfer und Eukalyptus.

Thymian Im Gegensatz zu Rosmarin ist er etwas zurückhaltender im Geschmack, aber immer noch sehr würzig. Geschmacklich geht er in Richtung Majoran.

Borretsch Er hat einen erfrischenden Geschmack, geht etwas Richtung Gurke.

Kapuzinerkresse: Die Blüten und Blätter schmecken frisch und leicht scharf.

Für süße Brote

Pfefferminz Schmeckt intensiv erfrischend, leicht kühlend. Die ätherischen Öle sind etwas scharf.

Zitronenmelisse Die Melisse schmeckt leicht zitronig, aber nicht sauer, sondern lieblich.
Rosen Der Geschmack von Rosen ist blumig und weich, süßlich mit einer leicht herben Note.
Veilchen Sie schmecken leicht säuerlich und deutlich blumig.

Die Aufzählung ist noch lange nicht vollständig; je mehr Sie sich damit beschäftigen, desto mehr essbare Natur werden Sie entdecken.

Samenbrote Vorne dabei in der Beliebtheitsskala sind natürlich Nüsse. Haselnüsse und auch – je nach Gegend – Walnüsse sind leckere Beigaben zu einem Stockbrot. So ein Nussbrot kann sowohl süß als auch salzig sein, auf jeden Fall ist es köstlich.

Aber auch Bucheckern, Sonnenblumensamen oder Esskastanien kann man sehr gut für Stockbrote verwenden.

Tipp Der Nussknacker aus der Natur: Legen Sie Nüsse auf einen flachen Stein und klopfen Sie mit einem zweiten Stein vorsichtig darauf, bis die Schale sich öffnet.

Kräuterbrote Sie können einmal quer durch den Garten gehen und eine bunte Küchenkräutermischung zusammenstellen. Sicher hilft Ihnen Ihr Kind sehr gern bei der Ernte.

Die Kräuter nehmen Sie mit und vervollständigen den Brotteig dann beim Picknick. Aber auch Wildkräuter wie Bärlauch, Brennnesseln, Giersch, Löwenzahn, Sauerampfer, Sauerklee, Schafgarbe oder Spitzwegerich passen sehr gut in ein Kräuterbrot.

Tipp Achtung bei Bärlauch! Denken Sie an die Verwechslungsgefahr und sammeln Sie Bärlauch nur, wenn Sie absolut sicher sind bei der Bestimmung.

Die Natur hält nicht nur Futter für die Seele bereit, sondern bietet auch für den Gaumen feinste Leckereien.

Heuwürstchen

Kennen Sie einen Heubraten? Das Fleisch wird dabei in aromatischem Heu mit hohem Kräuteranteil gegart. Selbstverständlich sollte es Bio-Heu sein und aus kontrolliertem Anbau stammen. Entweder Sie ernten und trocknen es im eigenen Garten oder Sie besuchen einen Bio-Bauern in Ihrer Nähe.

Ebenso wie den Heubraten kann man auch Würstchen mit dem Heuaroma verfeinern. Dazu werden die Würstchen kurz angegrillt und dann zusammen mit leicht angefeuchtetem Heu (damit es in der Hitze nicht verbrennt) in Alufolie gepackt und am Rande des Feuers platziert, wo die Würstchen garen und ein leichtes Heuaroma annehmen.

Tipp Man kann auch Kartoffeln oder Steaks mit Heu aromatisieren.

Quark und Joghurt verfeinern

Viele Kinder mögen Früchtequark oder Früchtejoghurt. Besonders lecker und gesund wird es, wenn man Naturquark und Naturjoghurt selbst verfeinert. So hat man es in der Hand, wie viele Früchte und wie viel Zucker hineinkommen.

Quark oder Joghurt mit selbst gesammelten Waldfrüchten ist eine Bereicherung für jedes Picknick. Man kann die Süßspeise zusätzlich mit Zitronenmelisse oder Pfefferminze aromatisieren.

Herzhafter Quark oder Joghurt passen sehr gut zu Würstchen, die am Lagerfeuer gegrillt wurden. Auch Kartoffeln aus dem Lagerfeuer oder das selbst gemachte Stockbrot kann man damit verfeinern.

Man sammelt einfach Wild- oder Gartenkräuter, Nüsse oder Samen und kombiniert die Mischung nach eigenem Geschmack.

Ganz typische Kräuterkombinationen sind zum Beispiel Thymian und Rosmarin oder auch Borretsch und Schnittlauch, hier kann man gut Klee und Gänseblümchen dazunehmen. Grundsätzlich gilt aber: es passt, was schmeckt. Und über Geschmack kann man bekanntlich ja nicht streiten.

Frische Kräuterbutter

Butter zum Stockbrot ist lecker und Kräuterbutter eine aromatische Variante. Eine Kräuterbutter aber, die mit selbst gesammelten Kräutern hergestellt wurde, ist die Krönung des Genusses. Und es braucht dazu gar nicht viel.

Sammeln Sie frische Kräuter im Garten oder in der freien Natur und schneiden Sie diese klein. Jetzt vermischen Sie zwei Teile Butter mit einem Teil Kräuter und etwas Meersalz, das Mischungsverhältnis muss nicht exakt sein, Sie können auch mehr oder weniger Kräuter ausprobieren.

Tipp Wenn Sie Butter zu süßem Brot haben wollen, dann verfeinern Sie diese mit Zitronenmelisse, Pfefferminze, Monarde (Indianernessel) oder Taubnessel.

Kräuter, Blüten, Früchte und Samen sammeln

Die Natur bietet eine unglaubliche Fülle an Schätzen. Schon das Sammeln von Kräutern, Blüten, Früchten und Samen ist ein besonderes Erlebnis. Dazu kommt die Vorfreude auf die Dinge, die mit den gesammelten Schätzen dann hergestellt werden. Später hat man zu Hause erst den Spaß bei der Zubereitung und dann die Lust beim Verkosten und den Genuss.

Bucheckern

Alle paar Jahre gibt es eine richtiggehende Bucheckernflut. Man findet die stachelig eingepackten eckigen Früchte in Hülle und Fülle unter den Bäumen. Das ist ein Fest für Waldbewohner wie Wildschweine, Rehe und Eichhörnchen. Aber auch für den Menschen stellt das die Chance auf viel Genuss dar.

Natürlich kann man sich jedes Jahr auf die Suche nach Bucheckern machen und ganz sicher wird man nicht ohne Beute nach Hause kommen. In den reichen Jahren aber ist das Sammeln ganz einfach, weil man gar nicht lange suchen muss.

Diese Mastjahre, wie die samenreichen Jahre genannt werden, dienen den Bäumen zum Überleben. Sie produzieren mehr Samen, als die Waldbewohner fressen können. Die Überproduktion wird in Vorratskammern deponiert und dort dann oft vergessen. So können sich neue Baumtriebe entwickeln und der Bestand ist gesichert.

Nach solch einem kräftezehrenden Samenproduktionsjahr brauchen die Bäume eine Pause, um sich zu regenerieren. In diesen Jahren produzieren sie deutlich weniger Samen. Nach fünf bis acht Jahren kommt es dann zur nächsten Überproduktion.

Bucheckern sind hübsch anzusehen, mit ihnen lässt sich wunderbar dekorieren und basteln,

sie sind aber auch kulinarisch sehr wertvoll. Da die Samen in rohem Zustand leicht giftig sind, sollte man nicht zu viele davon naschen. Eine Überdosis führt zu Bauchweh und Durchfall. Ein paar Bucheckern sind aber absolut unbedenklich. Geröstet sind die Samen unproblematisch, durch den Röstvorgang wird der Giftstoff unwirksam.

Bucheckernmehl lässt sich wunderbar in Brot, Kuchen oder auch Pfannkuchen verarbeiten. Aber nicht nur gemahlen sind sie ein Genuss. Ganze geröstete Bucheckern schmecken sehr gut im Müsli oder über den Salat gestreut. Man kann sie auch karamellisieren und zur Kuchenverzierung verwenden.

Tipp Um Bucheckern besser schälen zu können, kann man sie mit heißem Wasser überbrühen. Dabei schwimmen auch gleich die leeren Hüllen oben und man spart sich die Arbeit, eine hohle Frucht zu schälen.

Zutaten für Bucheckern-Kekse

* 150 g Mehl
* 150 g gemahlene Bucheckern
* 100 g Butter
* 2 Eier
* 80 g Zucker
* 1 TL Vanillezucker
* 2 Eier
* 2 TL Backpulver

Zubereitung Eier, Butter und Zucker gut rühren – etwa 10 Minuten. Dann die restlichen Zutaten hinzugeben und alles zu einem festen Teig verkneten. Kleine Kügelchen (etwa 2 cm Durchmesser) formen und auf einem mit Backpapier ausgelegten Blech flach drücken. Die Kekse im vorgeheizten Backofen bei 200 °C etwa 10 Minuten backen.

Tipp Man kann ein paar Bucheckern nicht ganz fein gemahlen, sondern nur grob gehackt in den Teig geben, dann haben die Kekse auch noch ein bisschen Crunch.

Holunder ist Kindheit

Vielleicht geht es Ihnen auch so? Immer wenn ich Holunderduft in die Nase bekomme, fühle ich mich in meine Kindheit zurückversetzt.

Dieser Duft steht für Geborgenheit und Spaß. Es mag daran liegen, dass direkt neben dem Spielplatz einige Holunderbüsche standen. Aber ganz abgesehen von meiner persönlichen Verknüpfung ist Holunder auch das Symbol für Schutz.

Geerntet werden vom Holunder sowohl Blüten als auch Beeren. Der Geschmack ist intensiv und die Ernte lässt sich vielseitig in der Küche einsetzen. Holunderbeeren sind nicht für den sofortigen Verzehr geeignet, da sie in rohem Zustand leicht giftig sind. Durch Erhitzen wird das Gift unwirksam.

Holunderblüten erntet man im Mai und Juni. In dieser Zeit duftet es rund um Holunderbüsche einfach himmlisch. Aus Holunderblüten kann man einen köstlichen Sirup herstellen oder auch Holunderblütenküchlein backen – dazu werden die Blüten ausgeschüttelt, um eventuell vorhandene Insekten zu entfernen. Dann zieht man die Blüten durch einen dünnflüssigen Pfannkuchenteig und backt sie in viel Öl goldbraun aus. Die Küchlein werden mit Puderzucker bestreut und warm genossen.

Zutaten für selbst gemachten Holundersaft (ohne Entsafter)

* 1 kg Holunderbeeren
* 250 ml Wasser
* Etwa 200 g Zucker

Zutaten für Pfannkuchenteig für die Holunderblütenküchlein

* 200 g Mehl
* 250 g Milch
* 6 Eier
* 200 g Zucker
* 1 EL Vanillezucker
* 1 Prise Salz

Zubereitung Das Wasser in einem Topf erhitzen und die gewaschenen Beeren hinzugeben. Alles etwa 20 Minuten lang unter Rühren köcheln lassen. Wenn die Beeren breiig werden, die Masse pürieren – Achtung, Holunder macht Flecken, daher auf einen Spritzschutz achten. Die pürierte Masse wird nun durch ein Tuch passiert. Den Saft wieder in den Topf geben, mit dem Zucker nach Geschmack süßen, nochmals aufkochen und in sterilisierte Flaschen oder Gläser füllen.

Zubereitung Alle Zutaten zu einem dünnen Teig verrühren. Fall der Teig zu dickflüssig ist, etwas mehr Milch hinzufügen.
Aus den Holunderbeeren wird hauptsächlich Saft hergestellt. Heiß getrunken stärkt dieser Saft die Körperabwehr und hilft uns gut über den Winter.

Limonade selbst machen

Selbst gemachte Limonade ist ein köstlicher Durstlöscher. Noch mal so gut wird sie, wenn man die Grundlimonade mit mit selbst gesammelten Schätzen – frischen Kräutern oder Blüten – verfeinert und sie in der freien Natur genießt.

Wenn man die Limonade zusätzlich aromatisieren möchte, macht man die Grundmischung etwas weniger stark, damit der Zitronengeschmack nicht die anderen Aromen überlagert. Zitronenmelisse, Pfefferminze oder Rosenblüten passen gut als Ergänzung. Auch andere essbare Blüten können in die selbst gemachte Limonade wandern. Es macht auf jeden Fall Freude, mit den unterschiedlichen Geschmäckern zu experimentieren. Wenn man die Blütenblätter nicht im Getränk haben will, sondern nur das Aroma, kann man die Limonade entweder ziehen lassen und später abseihen, oder man füllt die Blütenblätter in ein Teesieb und nimmt dieses wieder heraus, wenn die Limonade fertig ist.

Limonaden-Grundrezept Für eine einfache Limonade braucht man Zitronensaft (am besten frisch gepresst), Zucker, Wasser und eine Prise Salz. Das Mischungsverhältnis hängt vom persönlichen Geschmack ab, probieren Sie einfach ein bisschen aus. Das Salz hilft, die Limonade im Geschmack zu stabilisieren, so wird sie nicht bitter.

Tipp Zucker löst sich in kaltem Wasser nicht gut auf, einfacher ist es, ihn vorab in etwas heißem Wasser aufzulösen und dieses Zuckerwasser dann zur Limonade zu geben.

Mit Früchten, Blüten und Kräutern lassen sich im Nu die unterschiedlichsten Limonaden zaubern.

Teemischungen

Mit heimischen Kräutern und Blumen lassen sich vielfältige Teemischungen herstellen, je nach gewünschter Wirkung kann man die unterschiedlichen Kräuter kombinieren. In welchem Verhältnis Sie die Kräuter mischen, bleibt Ihnen und der geschmacklichen Vorliebe Ihres Kindes überlassen. Man kann auch einen Rooibostee als Grundlage nehmen und einzelne Kräuter dazumischen.

Viele Kräuter haben eine regulierende Wirkung und können deshalb sowohl anregend als auch beruhigend sein.

Kräuter kann man sowohl frisch als auch getrocknet für Tee verwenden. Bei manchen Kräutern schmeckt man dadurch einen erheblichen Unterschied. Pfefferminztee aus frischer oder getrockneter Minze zum Beispiel schmeckt sehr unterschiedlich, probieren Sie es aus, Sie werden staunen.

Pro Tasse nimmt man etwa 2 Teelöffel Tee, wobei aber auch die Stärke eines Aufgusses stark vom persönlichen Geschmack abhängt. Richtig oder falsch gibt es dabei nicht.

Lust-mach-Tee Kräuter und Blumen, die den Stoffwechsel anregen und sowohl den Organismus als auch die Psyche aktivieren, sind zum Beispiel: Bärlauch, Gänseblümchen, Giersch, Löwenzahn, Sauerampfer sowie Basilikum, Ingwer, Majoran, Pfefferminze, Rosmarin, Thymian, Veilchen oder Ysop.

Kraftprotztee Unter anderem mit diesen Kräutern stärkt man den Organismus und hilft dem Kind, gesund und stark zu bleiben: Hagebutten, Holunder (Blüten und getrocknete Beeren), Ingwer, Pfefferminze, Salbei.

Tipp Wegen der Schärfe, die Ingwer mitbringt, sollte man Kinder vorsichtig heranführen. Mit Honig gesüßt und mit anderen Kräutern gemischt wird die Schärfe deutlich gemildert.

Freude-im-Bauch-Tee Gute Laune ist wichtig, nicht nur für uns selbst, sondern auch für unser Umfeld. Das Leben ist so viel leichter, wenn wir die Herausforderungen mit einem Lächeln nehmen können. Gerade für Kinder ist jeder Tag, jede neue Erfahrung eine Herausforderung – das Lächeln ist für sie deshalb besonders wichtig.

Kräuter die für gute Laune sorgen können und die Psyche stützen, sind unter anderem: Basilikum, Borretsch, Brombeerblätter, Johanniskraut, Kamille, Königskerze, Kornblumenblüten, Lavendel, Lindenblüten, Melisse, Ringelblume und Rose.

Sandmännchentees Wie oft fallen Kinder vor Müdigkeit beinahe um, wollen aber nicht loslassen. Sie reiben sich die Augen und gähnen, behaupten aber standfest, sie seien gar nicht müde.

Mit diesen Kräutern können Sie die Entspannung fördern und das Loslassen erleichtern: Baldrian, Borretsch, Erdbeeren (Blätter und getrocknete Früchte), Fenchel, Johanniskraut, Kamille, Lavendel, Melisse, Monarde (Goldmelisse oder auch Indianernessel), Pfefferminze, Rosen, Salbei und Veilchen.

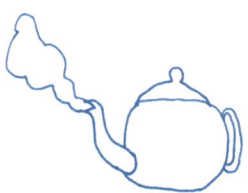

Selbst Kräuter und Blüten für die persönliche Lieblingsteemischung zu sammeln und zu trocknen, macht viel Spaß und sorgt das ganze Jahr über für Genuss.

glückstee

glückstee

äuchermischung

BASTELN MIT

NATUR-
MATERI-
ALIEN

Für kreative Bastelkinder bietet die Natur eine reich gefüllte Schatzkammer. Dabei hat jede Jahreszeit ihre besonderen Reize, ihr persönliches Gesicht. Bastelarbeiten, die aus selbst gesammelten Dingen hergestellt werden, haben einen ganz eigenen Zauber. Wir fangen damit ein Stück Leben ein. Nicht immer muss dabei etwas Dauerhaftes entstehen, manchmal können es auch Kunstwerke auf Zeit werden. Wichtig ist der Spaß an der Sache und das Üben der Fingerfertigkeit.

Vergängliche Schönheiten

Blütenkränze

Diamonds are a girl's best friend – doch es müssen nicht immer Diamanten sein. Die Natur hält viele Schätze für uns bereit. Kinder mit ihrem freien Blick finden schnell heraus, wie schmückend ein Kranz aus Gänseblümchen sein kann. Natürlich kann man auch andere Blumen in Kränze einarbeiten und zum Beispiel einen Wiesenblumenkranz gestalten. Der einfachste, allerdings nicht sehr haltbare Blütenkranz entsteht aus Gänseblümchen. Zuerst pflückt man die Blumen; sie sollten einen Teil des Stängels behalten, also nicht nur die Blütenköpfe sammeln. Dann wird der Stängel unterhalb des Blütenkopfes ein bisschen gespalten, sodass ein kleiner Schlitz entsteht. Das funktioniert ganz gut mit dem Fingernagel. Durch diesen Schlitz wird der Stängel des nächsten Gänseblümchens gesteckt, dessen Stiel vor dem Durchstecken ebenfalls einen Schlitz erhalten hat. So fährt man fort, bis der Kranz lang genug ist, um geschlossen zu werden. Das erste und das letzte Gänseblümchen werden ineinander gesteckt – schon ist der Blütenkranz fertig.

Man kann natürlich auch aufwendigere Kränze binden. Hierzu nimmt man einen selbst gebundenen Innenkranz und bindet mit Schnur oder Draht Blumen – vielleicht gemischt mit dekorativen Gräsern – darum herum. Solch ein Kranz kann dann als Dekoration für Wand oder Tisch verwendet werden.

Kräuterkränze selbst gemacht

Wenn Sie Kräuter und Blumen für Kränze verwenden und diese dann trocknen lassen wollen, ist der Erntezeitpunkt wichtig für die Haltbarkeit.

Bereits zu Blühbeginn geerntet werden sollten: Lavendel, Ringelblume, Rittersporn und Schnittlauch.

In voller Blüte geerntet werden: Kamille, Frauenmantel, Johanniskraut, Melisse, Minze, Oregano, Thymian und Vergissmeinnicht.

Wenn die Fruchtstände stehen, erntet man: Mohn, Johanniskraut und Salbei.

Blätter der folgenden Pflanzen lassen sich ebenfalls gut trocknen: Kamille, Johanniskraut, Lavendel, Melisse, Minze, Oregano, Salbei und Thymian.

Sie können die Kräuter, Blumen und vielleicht auch Gräser frei Hand zu einem Kranz binden. Dazu legen Sie die Stängel etwas versetzt aneinander und fixieren sie zwischendurch immer wieder mit Bindedraht.

Es funktioniert auch ohne Bindedraht mit einer einfachen Flechttechnik. Dazu nimmt man ein paar Kräuter längs in die Hand, zum Beispiel einen Zweig Rosmarin oder drei Lavendelzweige mit dem Kopf nach links. Nun nimmt man das nächste Kraut (einzeln oder mehrere). Dieses legt man mit dem Kopf nach oben nahe des oberen Endes senkrecht vor das waagrecht gehaltene Anfangskraut. Nun biegt man den Stängel des senkrechten Krautes hinten um das waagrechte Kraut herum, kommt damit links von der Blüte wieder nach vorne und legt den Stängel nach rechts.

Das nächste Kraut etwas nach rechts versetzt wird wieder senkrecht von vorne an den entstehenden Blütenkranz gehalten. Der Stängel wird unter dem Kranz nach hinten gebogen und kommt oben links neben der Blüte wieder nach vorne und wird nach rechts gelegt.

Auf diese Weise entsteht ein Strang mit immer mehr Blüten, die Stängel führen nach rechts weg. Ist dieser Strang fest genug, kann man Anfang und Ende zusammenführen und sie entweder mit einer langstieligen Blüte, einem Gras oder auch Bindedraht fixieren.

Der Kranz kann aber auch auf einen Rohling aufgebunden werden. Im Handel findet man Rohlinge unter anderem aus Stroh, Weide, Styropor, Filz oder Zweigen. Aber mit ein bisschen Geschick und Bastellust kann man sich seine Kranzrohlinge auch selbst herstellen.

Nicht nur, aber besonders
Mädchen lieben es,
Blumenkränze zu binden.
Das weckt die kleine
Prinzessin, die in jedem
Mädchen schlummert.

Eine ziemlich einfache Variante ist ein Rohling aus Zeitungspapier. Dazu rollt man Zeitungspapier zu einer Rolle. Die Länge der Rolle entscheidet über die Größe des Kranzes, und wenn man einen dickeren Rohling möchte, wickelt man einfach mehrere Lagen Zeitungspapier übereinander. Wenn der Durchmesser stimmt, biegt man die Rolle zu einem Kreis. Die Enden werden mit Klebeband fixiert. Schon hat man einen selbst gemachten Kranzrohling, der sich nun nach Lust, Laune und Jahreszeit immer wieder bestücken lässt.

Man kann auch einen Grundkranz aus Weidenzweigen, Waldrebe oder Stroh herstellen. Das erfordert etwas mehr Geschicklichkeit, aber mit etwas Übung bekommt man den Dreh raus.

Man fixiert das Material, das man Stück für Stück zu einem Kreis aneinander legt, immer wieder mit Bindedraht, das erleichtert das Halten und sorgt für Stabilität.

Naturmosaik

Vergängliche Kunst, die gemeinsam erschaffen wird, hat einen besonderen Zauber. Stolz kann man die Werke betrachten und dann wieder der Natur überlassen.

Besonders viel Spaß machen große Collagen und Mosaike, die man aus gesammelten Materialien im Team entstehen lässt. Dabei ist alles erlaubt. Man kann sich an einfachen Mustern ausprobieren, Fantasiebilder gestalten oder auch reale Dinge wie eine Blume oder einen Baum nachgestalten.

Idee 1 Ein blühender Strauch soll entstehen. Gesammelt werden Gräser, Tannen- und Fichtenzapfen, Steine, Blüten. Mit den Zapfen gestaltet man die Äste des Strauches, mit den Gräsern wird der grüne Teil der Äste gelegt und die Blüten können zu größeren Blüten zusammengelegt werden. Ein Stein in der Mitte der Blüten bildet den Stempel.

Idee 2 Ein Steinmosaik in Form eines Sterns soll gelegt werden. Hierzu braucht man viele unterschiedliche Steine. Ob man diese Steine vorab ein wenig nach Größe und Färbung sortiert oder lieber im großen Haufen den passenden Stein sucht, ist Geschmackssache. Um das Füllen des Mosaiks etwas zu erleichtern, kann man mit Schnur, Zweigen oder – je nach Untergrund – mit Straßenkreide die Umrisse vorgeben.

Dann geht es an die Arbeit. Beim Legen der Steine entsteht ein Muster, die Form ist vorgegeben, aber die Gestaltung ist frei, jeder darf sich einbringen und seine Kreativität ausleben.

Tipp Fotografieren Sie das Kunstwerk, bevor Sie es der Natur wieder überlassen. Wenn Sie Spaß an dieser Gestaltung haben, sammeln Sie so im Laufe der Zeit eine ganze Bildergalerie zusammen.

Mosaike und Collagen zu legen, ist ein bisschen wie zu puzzlen. Man kann mit einer Bildidee ans Werk gehen oder man legt einfach drauflos und lässt sich überraschen, was am Ende für ein Bild entsteht.

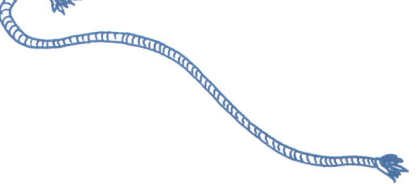

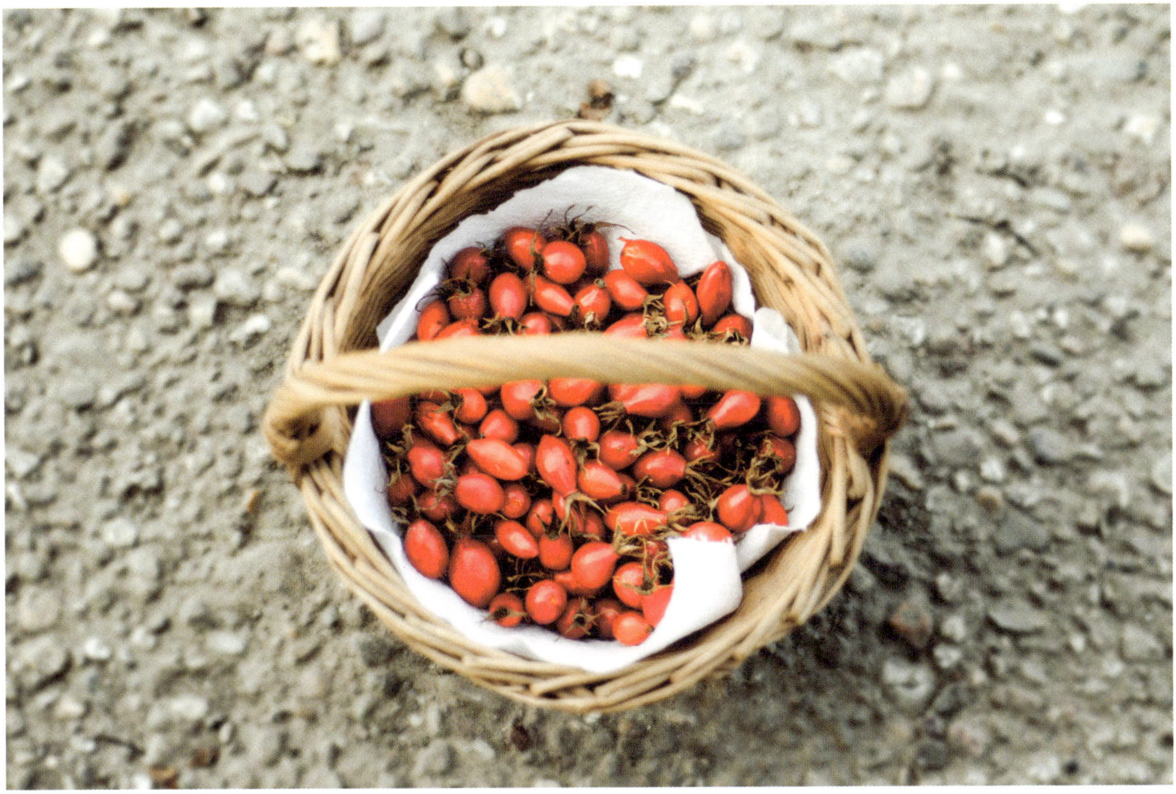

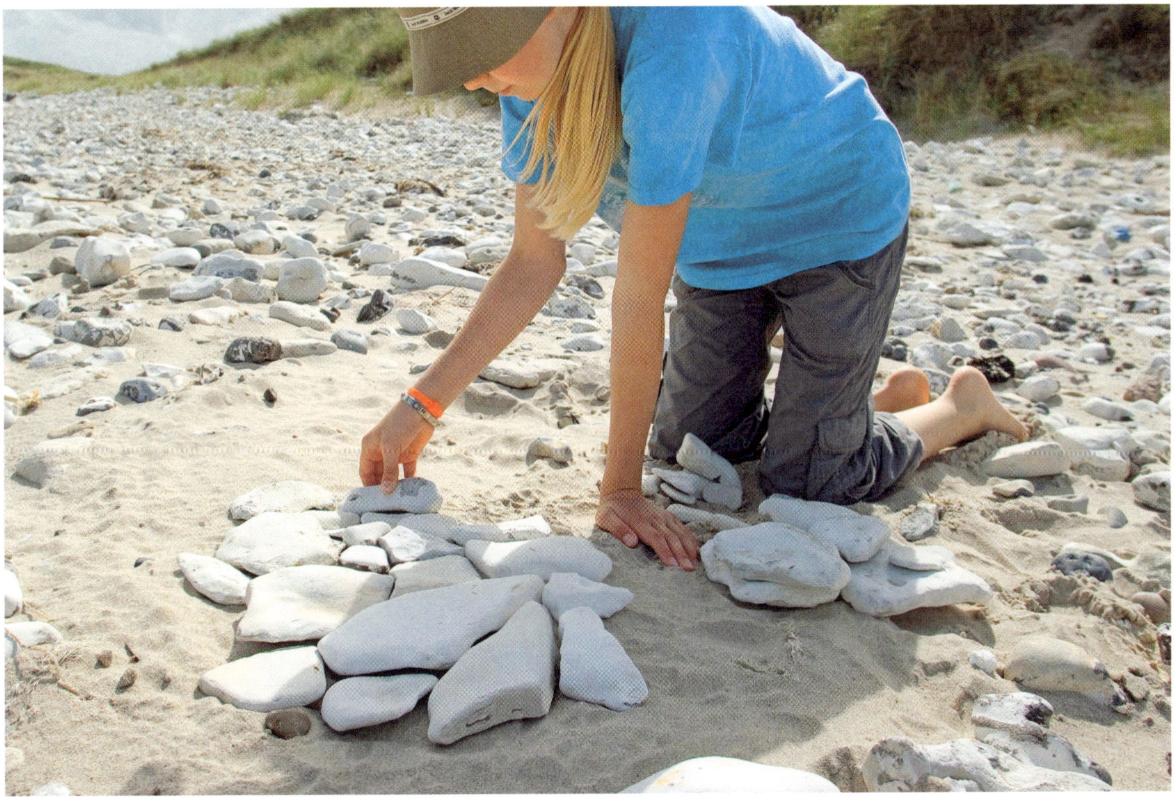

Tischdekoration

Ein Kinderfest mit selbst gebastelter Deko ist für jedes Kind etwas Besonderes. So weckt man gleichzeitig das Interesse an der Natur und auch die Lust am Gestalten und Dekorieren. Nicht nur selbst gemachte Gestecke, auch aus natürlichen Materialien hergestellte Serviettenringe und Dekoelemente machen einen Tisch zu etwas Besonderem.

Oft sieht es schon richtig schön aus, wenn man einfach die gesammelten Naturschätze dekorativ auf dem Tisch arrangiert. Aber natürlich kann man aus den Fundstücken auch gebastelte Dekorationen herstellen. Auch ein schöner Blüten- oder Kräuterkranz macht sich als Tischdekoration hervorragend.

kürzer. Wenn man dann auf diese Zweigplatte ein oder zwei Blümchen legt oder ein paar Rindenstücke, Zapfen, Nüsse oder Hagebutten, dann ist das sehr schön anzuschauen.

Elemente aus Moos

Moos ist überaus dekorativ. Bevor es auf den Tisch kommt, sollte es einige Zeit über Kopf auf dem Boden – vielleicht einer Wiese – liegen, um den Bewohnern die Möglichkeit zu geben, davonzukrabbeln. Das Moos kann man als Läufer in der Mitte des Tisches platzieren. Man kann Steine damit umwickeln, Äste dekorieren oder es auch hübsch in ein Glas schichten.
Man kann, wenn man stabile Moosplatten hat, diese auch in Form schneiden, Herzen oder Sterne zum Beispiel.

Elemente aus Holz

Kleine, unterschiedlich lange Zweige lassen sich sehr schön dekorieren. Zum Beispiel kann man auf einen Streifen Pappe Zweige nebeneinander kleben. In die Mitte kommt der längste, nach außen hin werden die Zweige immer

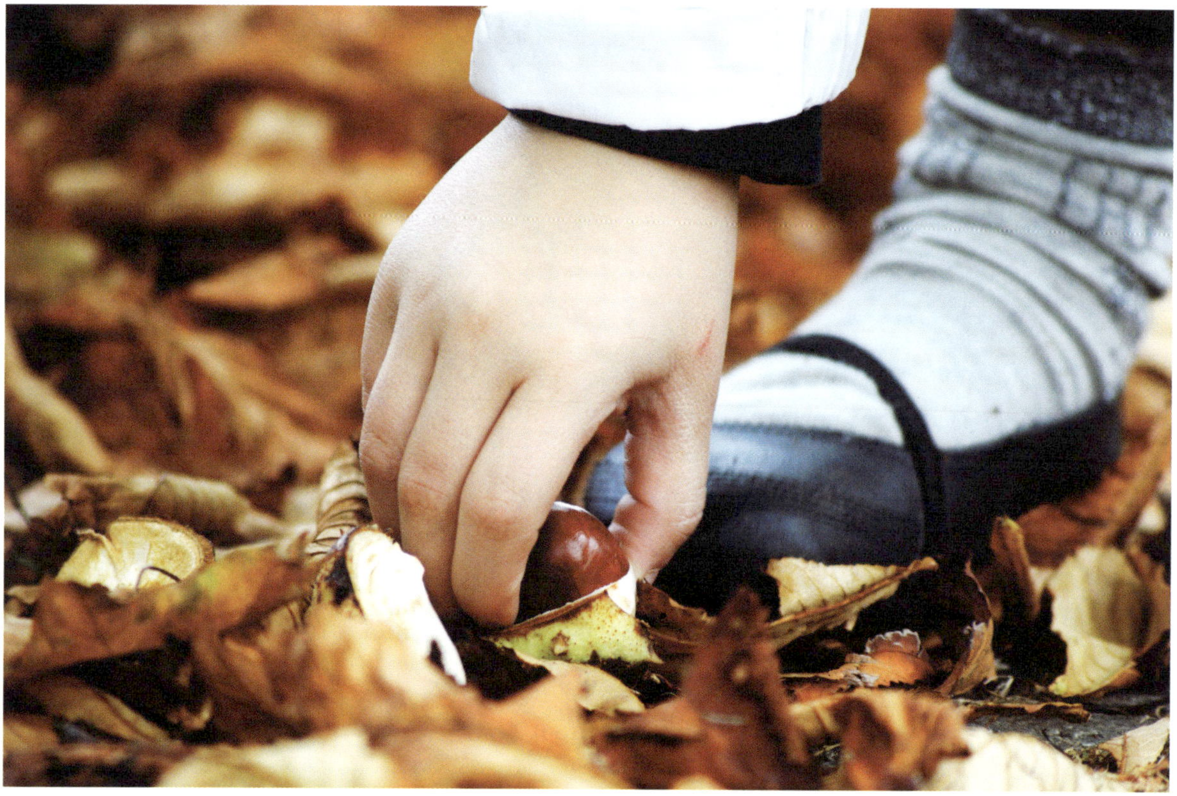

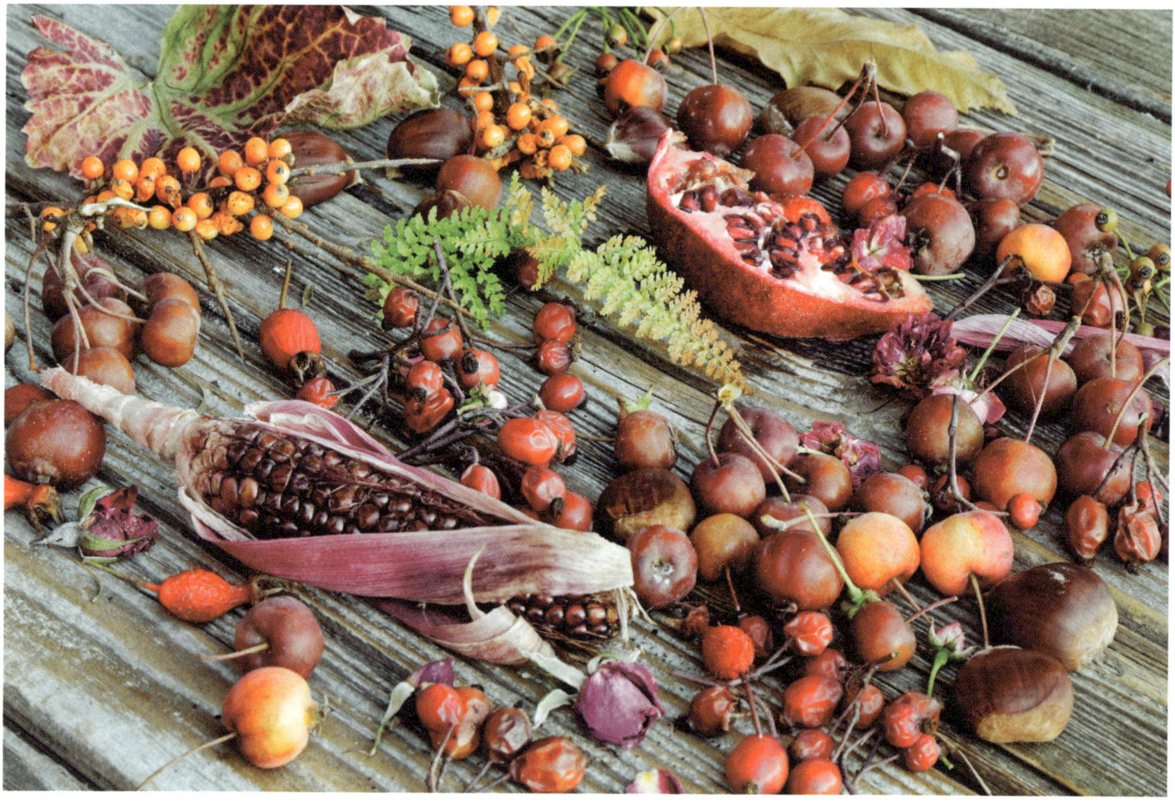

Steinmännchen

Selbst gestaltete Steinmännchen gehören einfach zur Kindheit. Sammeln Sie mit Ihrem Kind Kieselsteine in unterschiedlichen Größen und Formen und verbringen Sie vergnügliche Stunden bei der Gestaltung von Steinmännchen und Steintieren. Die Steine können mit Naturmaterialien wie Moos, Gras oder Stroh dekoriert werden, Haare, Bart oder Kleidung lassen sich so gestalten. Das Gesicht wird gemalt.

Das brauchen Sie Steine in unterschiedlicher Größe und Form / Plaka-Farben / Acrylfarben oder auch Filzstifte / Farblosen Sprühlack / Plastilin / Klebstoff / Stroh / Moos / Gras ...

So wird es gemacht Zuerst werden die Steine gründlich gewaschen.
Dann wird der Körper des Steinmännchens gestaltet. Wenn der Körperstein nicht gut steht, wird mit Plastilin stabilisiert.
Die Steine für Kopf, Füße oder Schwanz werden mit Plastilin mit dem Körperstein verbunden.
Das Plastilin wird verklebt. Den Kleber zwischendurch immer gut trocknen lassen.
Jetzt kann das Männchen oder Tier mit den Naturmaterialien und den Farben gestaltet

Tischdeckenhalter

Wer im Freien feiern und dabei nicht auf eine Tischdecke verzichten möchte, hat oft das Problem, dass der Wind den Stoff aufbauscht, die Decke bleibt nicht richtig liegen. Selbst gemachte Tischdeckenhalter können die Lösung des Problems sein.

Man benötigt Holzwäscheklammern / Steine / Farbe / Schnur

Im ersten Schritt werden die Steine nach Belieben gestaltet. Man kann sie einfarbig passend zur Tischdecke anmalen oder auch Steinmännchen bauen.

Ist das geschafft, wickelt man die Schnur mehrfach um den Stein, sodass er nicht mehr herausrutschen kann, das andere Ende der Schnur knüpft man an die Holzklammer.
Die selbst gestalteten Beschwerer kommen nun an alle vier Ecken der Tischdecke oder bei einem runden Tisch in ungefähr gleichem Abstand rundherum. Jetzt kann der Wind pusten wie er mag, die Tischdecke liegt sicher.

Namenssteine

Für jeden Gast wird ein Stein ausgesucht und der Name darauf geschrieben. Dazu kann man Filzstifte, Plaka-Farben oder Acrylfarben verwenden.
Mit Sprühlack wird die Farbe fixiert.
Jeder Gast freut sich über so einen persönlichen Namensstein und am Ende des Festes dürfen die Gäste diese Steine mit nach Hause nehmen.

Wandschmuck

Aus Fundstücken, welche die Natur uns schenkt, lassen sich wunderbare Collagen und sehr vielseitiger Wandschmuck anfertigen. Ganz sicher werden Besucher die Kunstwerke bestaunen und bewundern. Und natürlich kann der Wandschmuck jahreszeitlich angepasst werden.

Setzkasten mit Naturschätzen

Wer die Liebe zu Setzkästen einmal entdeckt hat, wird so schnell nicht mehr davon wegkommen. Solche Kästen lassen sich mit Naturschätzen ganz leicht und immer wieder neu gestalten. So kann man eine Sammlung unterschiedlicher Steine in Szene setzen oder auch die gesammelten Herbstfrüchte wie Kastanien, Nüsse, Bucheckern, Ahornfrüchte … Das macht Spaß und beim Spazierengehen und Suchen, was wohl noch in einen solchen Setzkasten passen könnte, entdeckt man sicher so manchen Schatz, den man sonst vielleicht übersehen hätte.

Collage aus Fundstücken

Nicht immer müssen es nur selbst gemalte Bilder sein, welche die Wand verschönern. Wie wäre es einmal mit einer selbst gestalteten Collage? Besonders gut dafür geeignet sind Blätter und Blüten, kleine Zweiglein und auch Sand. Um den Sand zu befestigen, verteilt man einfach an der gewünschten Stelle etwas Klebstoff, lässt den Sand darauf rieseln und antrocknen. Eine solche Collage wird haltbarer, wenn man sie nach der Fertigstellung mit Haarspray fixiert.

Holzrahmen natürlich dekoriert

Besonders schick präsentieren sich einfache Holzrahmen, in die man ein kleines Naturkunstwerk oder auch einen Kräuterstrauß setzt. Zum Beispiel kann man besonders schöne Blätter so toll zur Geltung bringen. Oder auch – etwas abstrakter – kleine hübsche Zweige. Auch der klassische Kräuterstrauß sieht passend umrahmt gleich noch viel edler und exklusiver aus.
Wenn man in den unteren Teil eines Holzrahmens mithilfe eines Bohrers ein Loch macht, kann man ein Reagenzglas hineinstecken und dort immer wieder frische Blumen oder Kräuter dekorieren. Zur Weihnachtszeit nimmt man dann einen Tannen- oder einen Mistelzweig. Diese Art der Wanddekoration ist nicht nur hübsch anzusehen, sondern auch besonders flexibel in der Gestaltung.

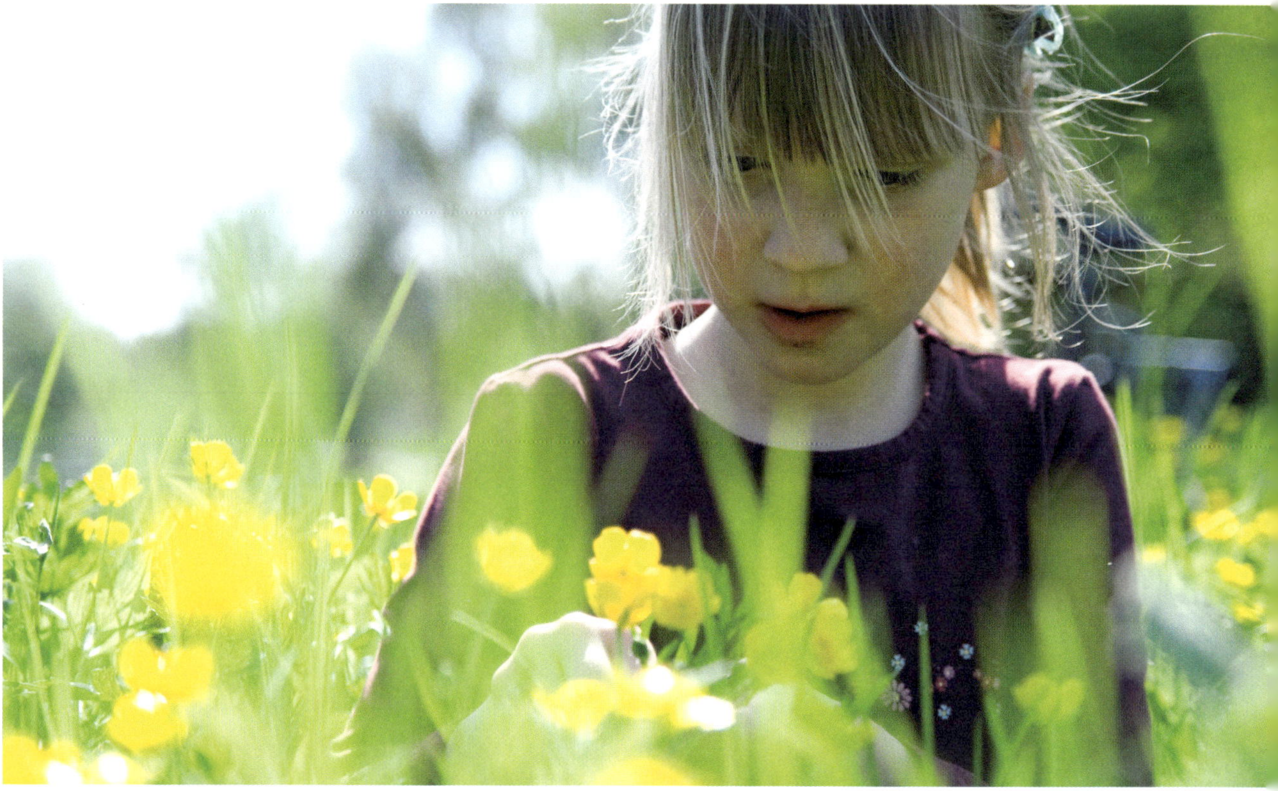

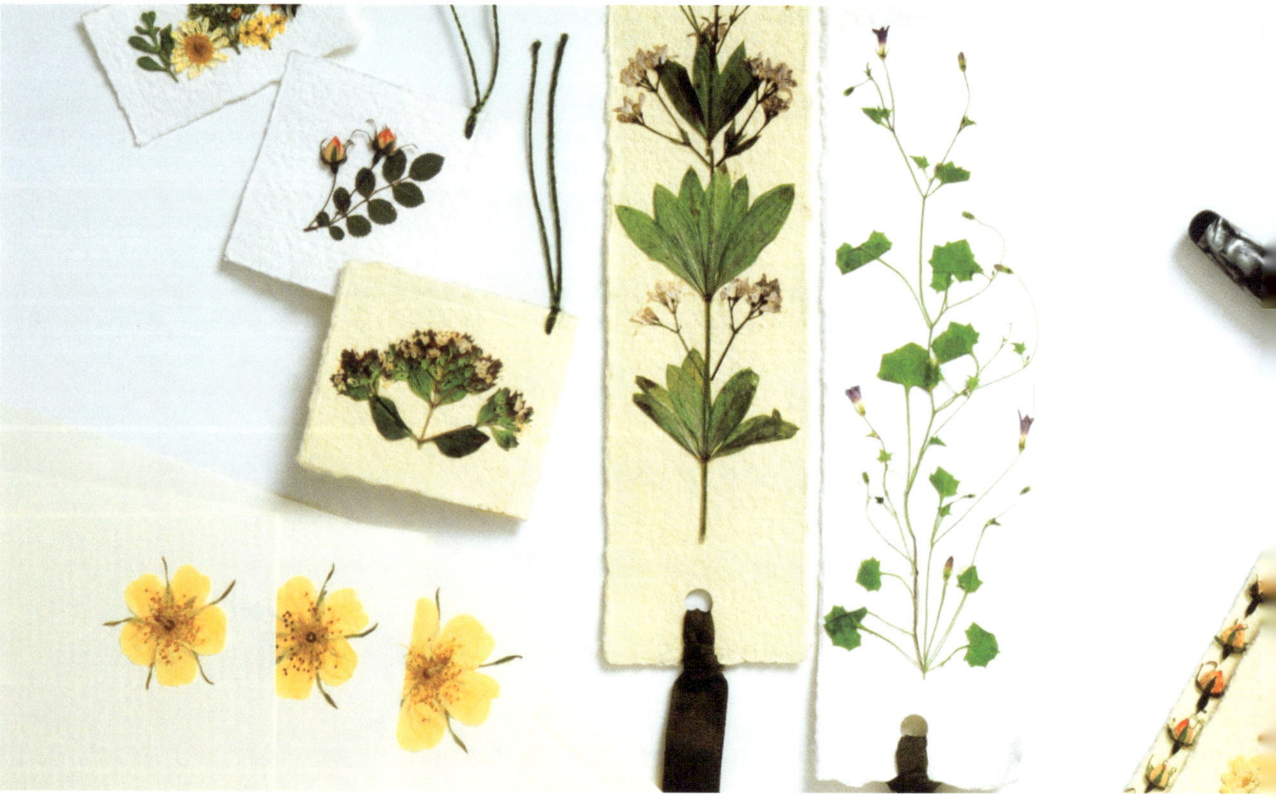

Schönes zum Ver- schenken und Behalten

Schätze aus der Natur zu sammeln und sich daran zu erfreuen, ist einfach wunderbar. Noch schöner wird es, wenn man diese Freude mit anderen teilt und Menschen, die man mag, an den großen und kleinen Wundern teilhaben lässt.

Postkarten gestalten

Dazu braucht man lediglich etwas festeren Karton in verschiedenen Farben, Klebstoff und Naturmaterialien wie Blätter, Blüten oder Gräser.

Man kann die gesammelten Pflanzen trocknen und auf den Karton, den man vorher auf Postkartengröße geschnitten hat, aufkleben. Oder man nimmt die frischen Pflanzen als Stempel. Die Blätter, Blüten und Gräser werden mit Wasserfarbe angemalt und mit der Farbfläche auf den Karton gedrückt.

Tipp Besonders edel werden Postkarten, wenn man sie aus selbst geschöpftem Papier anfertigt. Man kann auch Geschenkanhänger oder edles Geschenkpapier herstellen. Auch Briefpapier macht sich sehr gut und eine Pappbox, die mit selbst geschöpftem Papier veredelt wurde, ist eine wunderbare Schatztruhe.

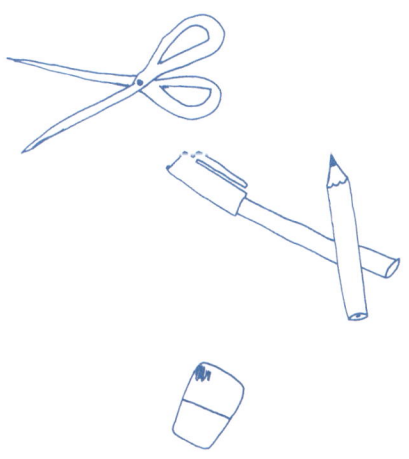

Papier schöpfen

Selbst geschöpftes und mit Naturmaterialien veredeltes Papier ist etwas sehr Besonderes, schon die Herstellung ist ein Erlebnis. Und es ist gar nicht so schwierig, wie man vielleicht im ersten Moment denkt.

Das wird gebraucht
Zeitungspapier oder anderes Altpapier / Große Schüssel / Wasser / Holzlöffel / Pürierstab / Wanne (der Schöpfrahmen muss hineinpassen) / Schöpfrahmen-Set (gekauft oder selbst gemacht, siehe unten) / Blüten, Blätter, Kräuter nach Lust und Laune / 2 Frotteehandtücher / Nudelholz

So wird es gemacht
Das Zeitungspapier in grobe Fetzen reißen, in einer Schüssel mit heißem Wasser übergießen und einige Stunden oder auch über Nacht stehen lassen.

Um das Papier nicht zu grau werden zu lassen, den Breiansatz vor der Weiterverarbeitung gut mit dem Holzlöffel durchrühren und absieben, dann neues Wasser hinzugeben. Den Vorgang kann man wiederholen. So wäscht sich ein Teil der Druckerschwärze aus.

Den Papierbrei, der „Pulpe" genannt wird, am nächsten Tag mit dem Pürierstab zerkleinern. Wenn der Brei zu dick wird, heißes Wasser nachgießen. Die perfekte Konsistenz ist wie flüssiger Babybrei.

Die Wanne zur Hälfte mit Wasser füllen und etwas Papierbrei hineingeben – so viel, dass sich eine geschlossene Decke bilden kann, wenn der Brei sich absetzt.

Mit dem Holzlöffel alles gut umrühren und dann warten, bis der Brei an die Oberfläche kommt. Je mehr Brei an der Oberfläche schwimmt, desto dicker wird das Papier.

Den Schöpfrahmen samt Formgebungsrahmen langsam senkrecht am Rand der Wanne eintauchen, im Wasser waagrecht werden, dabei unter dem Brei bleiben und den Schöpfrahmen dann langsam nach oben anheben. Das Wasser gut abtropfen lassen.

Jetzt Blütenblätter oder Kräuter auf den nassen Papierbrei geben. Hier kann man sich austoben, die Blüten am Rand verteilen oder eine kleine Blütenblume in ein Eck, das kommt auch darauf an, wie man das Papier später weiterverwenden möchte.

Den Formgebungsrahmen abheben, ein Frotteehandtuch vorsichtig über den nassen Papierbrei legen und alles um 180 Grad drehen, so dass das noch nasse Papier auf dem Handtuch liegt.

Den Schöpfrahmen abheben, dabei vorsichtig auf den Rahmen klopfen, damit der Papierbrei sich löst.

Das zweite Handtuch drüber legen und mit dem Nudelholz das Wasser aus dem Papier walken. Diesen Vorgang nennt man „Gautschen".

Zwischendurch das obere Handtuch wegnehmen und auswringen, dann wieder auf das Papier legen und weiter walken.

Wenn das Papier trocken und fest genug ist und sich vom unteren Handtuch löst, kann es zum endgültigen Trocknen an eine Leine gehängt werden.

Die trockenen Papiere werden gebügelt, so lässt sich das Papier leichter beschreiben.

Tipp
Für einen eigenen Schöpfrahmen braucht man Holzleisten (etwa 1 cm Höhe), Nägel oder wasserfesten Leim, ein Fliegengitter und einen Tacker. Man baut aus den Leisten entweder mit Nägeln oder mit dem wasserfesten Leim zwei gleich große Rahmen. Einer der Rahmen wird mit dem Fliegengitter bespannt, das am Rand festgetackert wird. Das Fliegengitter muss möglichst straff sein und sollte keine Falten werfen.

Wenn man das mit dem Rahmenbau raus hat, kann man sich für unterschiedliche Papiergrößen passende Rahmen bauen, dann muss man das handgeschöpfte Papier später nicht schneiden und der leicht fransige Rand bleibt erhalten.

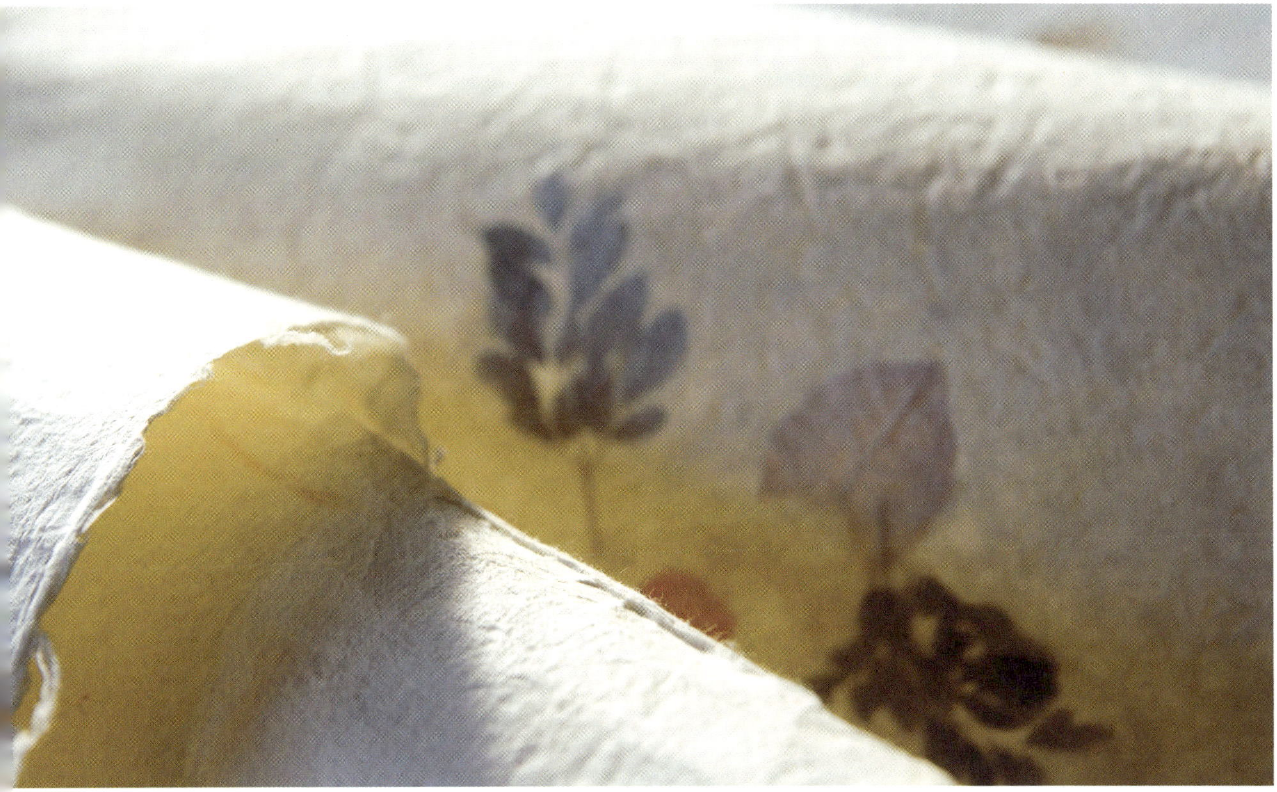

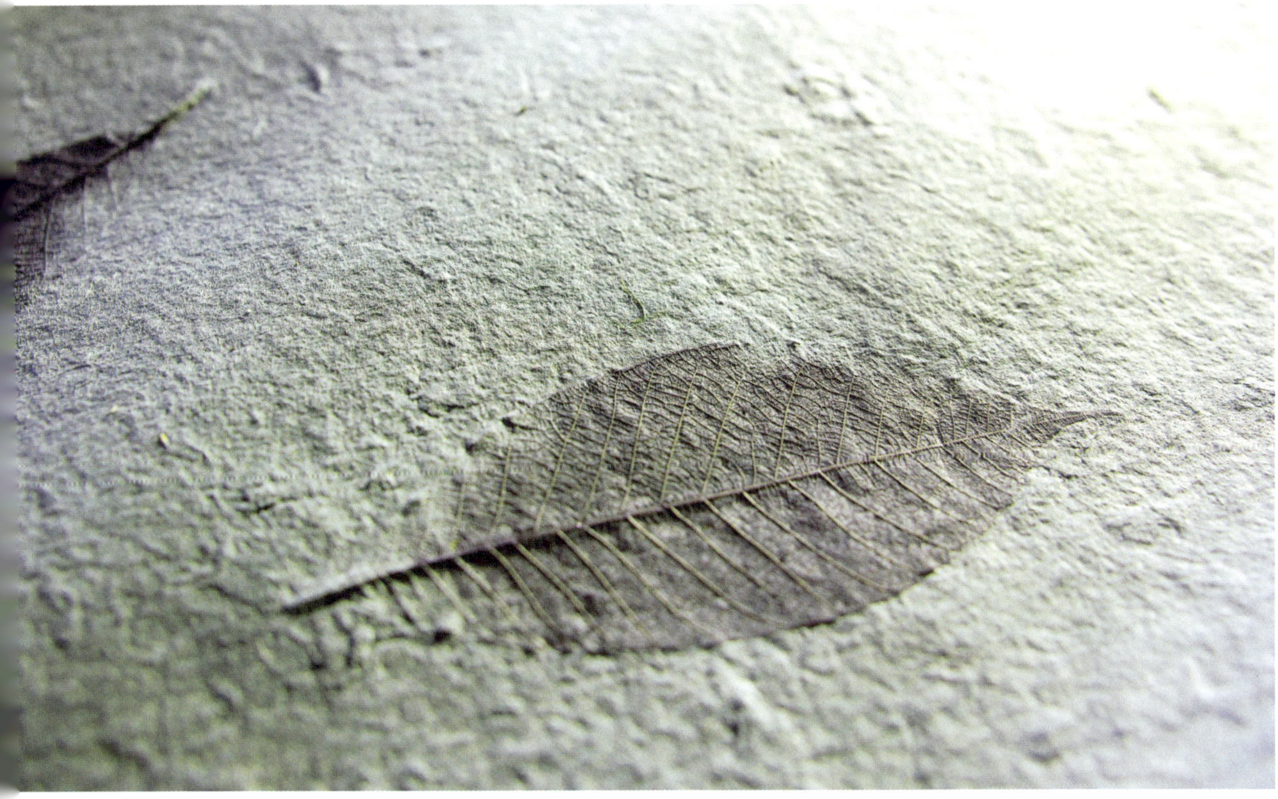

Nützliches für den Garten

Mit ein bisschen Initiative kann man den Garten nicht nur für sich selbst, sondern auch für die natürlichen Bewohner liebevoll und einladend gestalten. So hat man auch immer gleich die Möglichkeit, die Naturgäste zu beobachten und mehr über ihre Lebensgewohnheiten zu erfahren.

Insektenhotel

Voll im Trend und ein Riesenspaß für jeden kleinen und großen Naturforscher – die Insektenhotels. Vor allem aber ist jedes Insektenhotel ein aktiver Beitrag zum Naturschutz. Der Lebensraum für unsere heimischen Insekten wird immer kleiner, ihre Existenz ist vielerorts bedroht.

Wer ein Insektenhotel eröffnen möchte, sollte nicht nur auf ein abwechslungsreiches Haus achten mit möglichst vielen unterschiedlichen Wohnräumen, sondern auch auf einen geeigneten Standort. Die Tiere brauchen Nahrung und Wasser, damit sie sich wohl fühlen und das Überleben gesichert ist. Nahrungsquellen sind heimische Blumen, Sträucher und Bäume. Naturbelassene Wiesen sind ein Insektenparadies, mit einem kurz gehaltenen Rasen tut man den Tieren dagegen keinen guten Dienst.

Der Standort sollte wind- und regengeschützt sein. Ideal ist volle Sonne und eine nach Süden gerichtete Einflugöffnung. Eine flache Wasserstelle, vielleicht ein Blumenuntersetzer, rundet das Wohlfühlprogramm ab. Tiefe Gefäße wie Blumentöpfe sind nicht gut als Wasserquelle geeignet.

Mögliche Bewohner eines Insektenhotels sind Hummeln, Wildbienen und verschiedene Wespenarten, außerdem Schwebfliegen, Ohrwürmer, Marienkäfer, Glühwürmchen und Schmetterlinge.

Man kann Bausätze und auch fertige Insektenhotels kaufen, es macht aber auch viel Freude, selbst so ein Insektenhaus zu bauen. Die verwendeten Materialien sollten naturbelassen sein. Es muss auch kein zusammenhängendes Haus sein, man kann kleine Kästen bauen und diese unterschiedlich füllen und stapeln – natürlich sollte alles stabil stehen und nicht beim ersten stärkeren Wind umfallen.

Materialien, mit denen man die einzelnen Hotelzimmer befüllen kann

Hohlziegel Die Löcher werden mit Schilfrohr, Stroh oder Zweigen befüllt. Es gibt viele unterschiedliche Hohlziegel im Handel, mit kleinen und sehr großen Löchern. Alleine dadurch und durch unterschiedliches Füllen der Löcher entsteht Vielfalt.

Steine Kiesel und Bruchsteine

Rinde

Lehm

kleine Zweige

Stroh

Baumscheiben und Scheitholz es werden zusätzlich Löcher hineingebohrt

Lehmklötze auch hier werden Löcher hineingearbeitet, das geht im noch feuchten Lehm ganz einfach mit einem Stock.

Schneckenhäuser

Ohrwurmhaus

Ohrwürmer sind Nützlinge für den Garten, aber nicht sehr gerne gesehene Besucher im Insektenhotel, da sie auf der Suche nach eiweißreicher Nahrung auch vor der Brut der dortigen Bewohner nicht haltmachen. Ein guter Grund also, den Ohrwürmern ein Einzelappartment zur Verfügung zu stellen. Und das ist gar nicht schwierig. Sie brauchen lediglich einen Tonblumentopf, etwas Draht, Holzwolle oder Stroh und etwas Schnur.

Die Holzwolle oder das Stroh werden mit dem Draht zu einem Bündel zusammengefasst und in den Topf gegeben. Die Drahtenden schiebt man durch das Loch im Topfboden und dreht daraus eine Schlinge, die der Aufhängung dient. Jetzt wird das Ohrwurmhäuschen kopfüber mit der Schnur in die Äste eines Baumes gehängt. Am besten hängt man das Häuschen dort auf, wo man besonderen Schutz vor Läusen braucht, also an Rosen oder Obstbäumen zum Beispiel. Es wird sicher nicht lange dauern, bis die ersten Bewohner einziehen.

Marienkäferunterschlupf

Marienkäfer sind hübsch anzusehen, gelten als Glücksbringer und schützen auch noch – ebenso wie der Ohrwurm – die Pflanzen vor Läusen. Das macht doch Lust, diese Käferchen in den Garten zu locken, oder?

Die Marienkäfer brauchen einen einfachen Unterschlupf, der sie vor der Witterung und vor einigen Feinden schützt. Verwenden Sie unbehandeltes Weichholz und bauen Sie einen Kasten mit einer kleinen Öffnung vorn. Der Unterschlupf wird mit Füllmaterial wie Holzwolle oder Stroh gefüllt.

Für die Marienkäfer ist es egal, aber für die menschlichen Gartenbesucher ist es natürlich um so schöner, wenn sie den kleinen Kasten auch noch mit einem Dach zu einem hübschen kleinen Haus ausbauen. Das fertige Haus wird an eine Latte genagelt und diese direkt in der Nähe der zu schützenden Bäume oder Büsche in den Boden gesteckt. Richten Sie die Öffnung des Häuschens so aus, dass sie wettergeschützt ist.

Auch draußen gelten Regeln

Es gibt ein paar grundsätzliche Verhaltensregeln, die jeder Mensch beachten sollte, wenn er sich in der freien Natur aufhält. Am schnellsten und einfachsten lernt Ihr Kind den respektvollen Umgang mit der Natur durch Ihr Vorbild. Leben Sie das richtige Verhalten vor, dann wird Ihr Kind Ihnen nacheifern.

Gut und nachhaltig ist es auch, wenn Sie mit Ihrem Kind über Umweltverschmutzung sprechen und dabei auf – leider überall verbreitete – Beispiele zurückgreifen. Durch das aufmerksame Beobachten wird vieles bewusster, was vorher als selbstverständlich angesehen wurde.

Ein Ameisenhügel gehört einfach zum natürlichen Bild. Meist macht man sich gar keine Gedanken, was für eine Leistung dahinter steckt. Und dann verlockt so ein Hügel schnell, ein bisschen Wirbel und Wuselei hineinzubringen. Aber wenn man erst einmal Ameisen beobachtet hat, begreift man, wie viel Kunst und Arbeit sie in ihren Bau stecken. Automatisch bekommt man Respekt vor den winzigen Kraftriesen, und ganz sicher wird man nicht mehr so schnell in Versuchung kommen, einfach mal mit einem Stock ein bisschen zu stochern.

Oder wenn beim Forschen klar wird, wie viel Zeit eine Pflanze benötigt, um zu gedeihen, wenn man das Wachstum über Wochen oder Monate verfolgt, dann schmeckt die geerntete Beere noch mal so gut. Auch das Blatt wird nicht mehr einfach aus Jux und Tollerei abgerissen, sondern nur dann, wenn das Abreißen auch einem Zweck dient.

Sie merken, es geht um Achtsamkeit und Respekt. Und je öfter Sie Ihrem Kind das sprichwörtlich vor Augen führen, desto tiefer wird das Bewusstsein hierfür verankert – das ist gelebte Liebe zur Natur.

Wir tun was! Herumliegender Müll ist ein großes Problem. Er sieht nicht nur hässlich aus, er ist auch eine Belastung für Flora und Fauna. Auch für große und kleine Naturentdecker kann Müll gefährlich werden – wer möchte schon eine Scherbe im Fuß haben oder sich an einem Dosendeckel schneiden? Solche Vorkommnisse brauchen weder Mensch noch Tier.

Natürlich können Sie nicht die Welt auf den Kopf stellen und nicht alle Umweltprobleme mit einem Fingerschnippen lösen. Aber auch wenn wir das manchmal so empfinden: Wir sind nicht machtlos. Egal wie klein der Handlungskreis ist, den wir zur Verfügung haben, jede Tat für eine saubere und schöne Welt ist eine gute Tat. Wir hinterlassen Spuren, indem wir die Spuren der Umweltsünder beseitigen. Das ist so viel besser, als angesichts der vielen erdrückenden Umweltprobleme den Mut zu verlieren. Und es ist ganz sicher ein wirksames Mittel, um Kindern die Folgen der falschen Müllentsorgung vor Augen zu führen. Obendrein macht so etwas auch durchaus Spaß und bringt jedem, der mithilft, ein gutes Gefühl. Ich bin davon überzeugt, dass solche kleinen Aktionen getreu dem Motto „Wir jammern nicht, wir nehmen es selbst in die Hand" viel wichtiger sind, als man im ersten Moment erkennt. Die hinterlassenen Spuren, die ich oben angesprochen habe, finden sich nicht nur in der Natur, sondern auch in den Seelen der Kinder. Wer in frühen Jahren gelernt hat,

Die wichtigsten Regeln im Überblick:

* Müll mitnehmen
* Keine Tiere absichtlich aufscheuchen
* Nichts mutwillig zerstören
* Keine scheuen Tiere, die plötzlich zahm scheinen, anfassen – das Tier könnte krank sein
* Nichts essen, was man nicht ganz sicher kennt
* Nicht auf Hochsitze klettern
* Lagerfeuer nur an vorgegebenen Plätzen entfachen und nie unbeaufsichtigt lassen
* Wenn man sich trennt, immer einen zentralen Treffpunkt vereinbaren
* Kinder nie unbeaufsichtigt am Wasser spielen lassen
* Tore und Schranken hinter sich wieder schließen
* Umgedrehtes Holz oder Steine wieder zurückdrehen, damit die Tiere darunter wieder zur Ruhe kommen können
* Gelagerte Baumstämme vor dem Spielen immer auf die sichere Lagerung kontrollieren

Gut ausgerüstet geht es dann mit einer Tüte ab ins Freie, die Aufräumaktion startet direkt an der Haustür.

Es ist auch lustig, sich zu manchem Fund eine Geschichte auszudenken. Wer wohl den Socken hier im Gebüsch verloren hat? Wie kommt die leere Flasche auf die Wiese? Was war das für ein Mensch?

Ich finde es wichtig, dass auch Umweltsünder nicht als Monster dargestellt werden. Natürlich gibt es Menschen, denen es einfach egal ist, die sich keine Gedanken über die Umwelt machen wollen und ihr Verhalten nicht reflektieren. Aber meist entsteht diese Gedankenlosigkeit nicht aus Bosheit heraus. Die Welt ist nicht schwarz und weiß, sie ist bunt und ebenso bunt sind die Möglichkeiten, wieso Müll in der Natur landet.

Vielleicht war derjenige so abgelenkt, dass er die Flasche einfach vergessen hat? Was könnte ihn abgelenkt haben? Ist ein UFO gelandet? Oder war er verliebt und konnte vor lauter Schmetterlingen in Bauch und Kopf nicht mehr klar denken? Vielleicht hatte er sich auch auf den Eingang einer Waldkoboldhöhle gesetzt und der Kobold hat ihm Brennnesseln in die Unterhose gezaubert. Ganz klar, in so einer Situation kann man schon mal eine Flasche liegen lassen. Es könnte auch sein, dass derjenige hier Pause gemacht hat und dann einen Anruf bekam. Er musste so eilig weg, dass er die Flasche vergessen hat. Was wohl so wichtig war?

Nur zu, fabulieren Sie mit Ihrem Kind drauflos. Das macht viel Spaß und es können sehr lustige Geschichten dabei entstehen. Obendrein vergeht die Zeit wie im Nu.

Nach getaner Arbeit wartet eine Belohnung. Ob das ein Eis ist, Bastelzeit oder ein Lagerfeuer mit Würstchen und Stockbrot, das ist dabei nicht so wichtig. Suchen Sie einfach etwas aus, was allen Freude macht.

Tipp Es gibt auch immer wieder von Gemeinden oder Vereinen organisierte Säuberungsaktionen, bei denen freiwillige Helfer willkommen sind.

dass man Dinge, die nicht passen, in kleinem Rahmen verändern kann, wird in seinem Leben sicher nicht so schnell resignieren, wenn sich ihm Probleme in den Weg stellen.

Wie ist es? Haben Sie Lust, gemeinsam mit Ihrem Kind in Ihrem Entdeckungsbereich für eine saubere Natur zu sorgen?

Natürlich soll der Kampf gegen den Müll auch Spaß machen. Sie könnten sich als Mülldetektive verkleiden oder wie bei einer Operation mit Handschuhen und Mundschutz versehen.

Sicherheit geht vor! Bei allem Spaß, den die Natur für kleine und große Entdecker bereit hält, sollten Sie immer auch den Sicherheitsaspekt im Blick behalten. Natürlich muss man nicht für alle Eventualitäten ausgerüstet in die Natur starten, aber auf kleine Missgeschicke vorbereitet zu sein, tut nicht weh und kann im richtigen Moment eine kritische Situation doch deutlich entschärfen.

Tipp Wenn man keine Salbe zur Hand hat, kann ein Brei aus Spitzwegerichblättern bei Stichen und kleinen Wunden Linderung bringen. Einfach ein paar Blätter zwischen den Fingern rollen und drücken, bis der Pflanzensaft austritt. Diesen Blatt-Saft-Brei dann auf die betroffene Stelle geben.

Das kommt in den Notfallrucksack

* Pflaster
* Pinzette
* Taschenmesser
* Sonnencreme
* Mückensalbe
* Wasser
* Handy

Nützliches für Unterwegs

* Sammelbeutel, um die gefundenen Schätze zu transportieren
* Getränke und Essen (Kekse oder Brote), denn frische Luft macht hungrig
* Bestimmungsbücher
* Papier und Stifte
* Regenschutz
* Sonnenschutz (Kappe oder Hut)
* Decke
* Trillerpfeife (um alle wieder zusammenzupfeifen)
* Toilettenpapier

Kinder lieben es meist, selbst auch etwas tragen zu dürfen. Sie packen ihren Lieblingsteddy in den eigenen Rucksack, ein bisschen Proviant oder ein paar Stifte und Papier. Und natürlich können im eigenen Rucksack die gefundenen Schätze verstaut werden.

Zecken-Check

Nicht jede Zecke überträgt Krankheiten, aber dennoch sollte man die Gefahr nicht auf die leichte Schulter nehmen. Nach einem Tag in der freien Wildbahn gehört der Zecken-Check einfach dazu.

Die Zeckenverbreitung ist nicht überall gleich stark, dennoch sollte man auf Nummer sicher gehen. Es muss auch gar keine lästige Pflicht sein, sondern man kann es als gemütlichen Abschluss gestalten und sich gegenseitig untersuchen. Zecken haben eine Vorliebe für besondere Körperstellen, also auch den Blick in den Bauchnabel, die Pofalte und auf den Genitalbereich nicht vergessen. Kopf, Nacken und Beine sind ebenfalls häufig das Ziel von Zecken, deshalb auch hier genau hinschauen. Hat sich so ein Plagegeist festgesetzt, wird er sofort vorsichtig herausgezogen, man kann dabei auch eine leichte Drehbewegung machen. Am einfachsten funktioniert das Herausziehen mit einer Zeckenzange, die man in jeder Apotheke kaufen kann. Die Zecke nicht quetschen, das würde die Gefahr einer Übertragung von Krankheiten erhöhen. Falls der Kopf beim Ziehen stecken bleibt, muss man sofort zum Arzt gehen. Generell gilt: Wer Probleme mit der Zeckenentfernung hat, kann das auch vom Arzt machen lassen. Je schneller Zecken entfernt werden, desto weniger Infektionsgefahr besteht. Die Erreger der Borreliose benötigen etwa zwei Stunden, um von der Zecke zum Opfer zu wechseln. Ist die Zecke draußen, wird die Stelle des Bisses desinfiziert und einige Tage beobachtet. Zeigen sich keine Zeichen wie Hautrötung oder Kränkeln, kann man davon ausgehen, dass nichts passiert ist. Sollten sich jedoch Krankheitszeichen einstellen oder eine Hautrötung auftreten, gilt: Sofort zum Arzt! Die Hauptkrankheiten, die von Zecken übertragen werden, sind Borreliose und FSME, aber sie übertragen noch viele andere Krankheiten.

Durch die Natur zu streifen, ist herrlich. Oft findet man kulinarische Schätze wie Waldbeeren. Aber nicht alles, was man von draußen mitbringt, ist willkommen. Es gilt: Achtung Zecken!

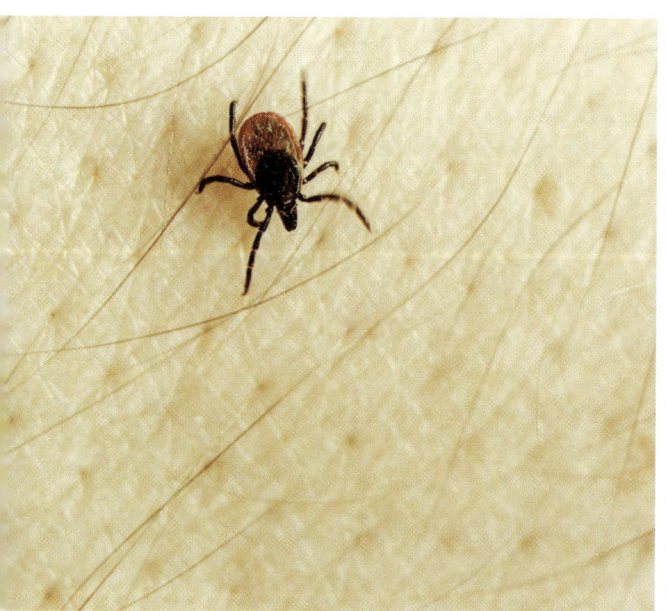

Sammeln und naschen – Fuchsbandwurm

Am Risiko bezüglich einer Infizierung mit dem Kleinen Fuchsbandwurm scheiden sich die Geister. Sehr ängstliche Menschen trauen sich nicht, Waldfrüchte oder Wildkräuter zu essen. Doch auch wenn es sich um eine ernste Krankheit handelt, gibt es keinen Grund zur Panik.

Wenn man genau darüber nachdenkt, wird schnell klar, dass nicht nur Waldfrüchte gefährdet sind. Füchse machen nicht an der Gartenpforte halt, sie strolchen durch Gärten, über Erdbeerfelder und zwischen den Salatköpfen hindurch. Kaum jemand käme auf die Idee, deshalb nur noch Ernten aus einem Gewächshaus verzehren zu wollen. Die Entscheidung, ob Sie und Ihr Kind nun gesammelte Kräuter oder Beeren essen, bleibt am Ende eine persönliche.

Wenn Sie besorgt sind, können Sie sich an Ihr zuständiges Gesundheitsamt wenden und nach der Verbreitung des Fuchsbandwurms in Ihrer Region fragen.

Vorsorgemaßnahmen:

* Salat, Früchte und Gemüse insbesondere vor dem Rohverzehr gründlich waschen. Erhitzung auf 60 °C genügt zur Abtötung der Bandwurmeier. Durch Einfrieren werden die Eier dagegen nicht abgetötet.
* Nach Arbeiten im Freiland, vor allem nach Kontakt mit Erde, Gras etc., die Hände gründlich waschen.
* Hunde und Katzen, die im Freiland Mäuse fangen und fressen, regelmäßig gegen Bandwurmbefall behandeln.

Danke

Ein Buch, das Groß und Klein Lust auf Natur macht, sollte es werden. Zumindest bei mir hat es gewirkt, denn während des Schreibens musste ich immer wieder für ein paar Stunden nach draußen, frische Luft trinken und das Leben bestaunen. Jetzt kann ich es kaum erwarten, dass die Zeit der Bucheckern gekommen ist.

Mein erster Dank geht an meinen Mann Bernd und meinen Sohn Tobias. Sie haben die Entstehung dieses Buches mit viel Verständnis und Geduld begleitet. Es ist nicht immer einfach für das Umfeld, wenn die Autorin mit den Gedanken im Wald, auf der Wiese oder in den Wolken steckt.

Ein dickes Dankeschön geht an meine Freundin Andrea, die mir die Idee mit den Tierspuren „geschenkt" hat.

Ich danke meiner Agentin Beate Riess für die liebevolle und achtsame Betreuung. Ihre Begeisterung trägt mich durch die Höhen und Tiefen, die das Schreiben eines Buches mit sich bringen.

Ich danke meiner Lektorin Daniela Naumann für die gute Zusammenarbeit.

Und natürlich danke ich Ihnen, liebe Leser, die Sie Lust haben, sich mit mir gemeinsam auf das Abenteuer Natur einzulassen.

Literatur

Bezzel Einhard, Vögel, BLV Verlag, München 2008 / Das große Buch der Tiere unserer Heimat, Martin Greil Verlag, 1991 / Kohl, Eva Maria, Schreibspielräume, Kallmeyersche Verlagsbuchhandlung GmbH, Seelze-Velber, 2005 Meier-Hirschi, Ursula, Kunterbuntes Gartenjahr, Orell Füssli Verlag, Zürich und Köln 1992 / Oswald, Susanne, Die heilende Kraft der Zahlen und Symbole, Irisiana Verlag, München 2013 / Oswald, Susanne, Ein Garten für die Seele, Callwey Verlag, München 2014 / Pütz,

Jean und Niklas, Christine, Gesundheit mit Kräutern und Essenzen, Egmont Vgs Verlag, Köln 1991 / Schmidt, Hans Martin, Gartenfreude rund ums Jahr, BLV Verlag, München 2000 / Schunk, Dr. Rainer, Heilkraft aus Heilpflanzen, Kaulfuss-Verlag, Abtswind 1994 / Senger, Gerti, Rezepte aus dem Heilkräutergarten, Ariston Verlag, Genf 1987 / Sutanto, Viola E., Selbst verpackt, Haupt Verlag, Bern 2014

Weiterführende Internet-Links

Anagramm-Generator:
http://www.sibiller.de/anagramme/
- - -
Informationen zu Barfußpfaden:
http://www.barfusspark.info
- - -
Informationen zu Sebastian Kneipp
(* 17. Mai 1821, † 17. Juni 1897):
http://www.kneippbund.de/
- - -
Hilfe bei der Spurensuche:
http://offene-naturfuehrer.de/web/Spuren_von_Säugetieren
http://tierspuren.net/
- - -
Informationen rund um Schmetterlinge:
http://www.bund.net/themen_und_projekte/abenteuer_faltertage/
- - -
Alles zu Zecken: http://www.zeckenstich.net/

Bildnachweis